Pour une Afrique
Nouvelle

Le civisme et la morale dans la gestion de la chose publique comme garantie de la bonne gouvernance

CET OUVRAGE EST DESTINÉ À RÉVEILLER LA CONSCIENCE DE LA POPULATION ET DES DIRIGEANTS QUI ASPIRENT À UN DÉVELOPPEMENT HARMONIEUX DE LEURS NATIONS

AMOS DAVID MUSULA

© 2023, Amos David Musula

Édition : BoD - Books on Demand, info@bod.fr

Impression : BoD – Books on Demand,

In de Tarpen 42, Norderstedt (Allemagne)

Impression à la demande

ISBN: 978-2-3224-0772-9

Dépôt légal : Mai 2023

REMERCIEMENT

Nos remerciements vont tout d'abord au Dieu Tout Puissant, le père de notre Seigneur Jésus Christ qui nous a donné l'inspiration de cet ouvrage.

Que mon épouse MADELEINE de JÉSUS trouve au travers de cet ouvrage le résultat de son soutien et de ses encouragements.

À papa EZÉCHIEL Bauna pour sa contribution dans la conception et la rédaction, ainsi que le pasteur BAJICKY Joël Israël pour le graphisme de la couverture ; qu'ils trouvent ici l'expression de notre profonde gratitude.

Que le couple KASONGO, Maitre Olivier BAELONGANDI, le chef des travaux POPOL MOBWA, ainsi que nos sœurs Ketsia Nkuvu et Rachetée Wa Nzambi, se reconnaissent au travers de leurs remarques et corrections combien pertinentes.

À nos bien aimés À mes enfants Samuel, Keren et Gédéon, nous dédions cet ouvrage pour les encourager à se distinguer dans la société.

Que tous ceux qui nous sont chers et qui nous portent à cœur retrouvent au travers de cet ouvrage, les valeurs que nous avons toujours partagées ensemble.

SOMMAIRE

Avant-propos :

Ça fait pratiquement des décennies que le monde se pose des questions sur la stagnation des pays dits en voie de développement, principalement ceux de l'Afrique subsaharienne qui, malgré l'évolution technologique actuelle, restent toujours en mal de décollage.

Notre réflexion au travers de cet ouvrage, veut être une réponse pour éclairer la lanterne des populations et des dirigeants qui aspirent sans succès au développement de leurs nations.

Pour nous, au-delà de toutes les capacités que peut posséder un homme, le manque de moralité et de civisme lui enlève le sens de l'humanité.

Ne dit-on pas que « science sans conscience, n'est que ruine de l'âme » ?

Qu'il vous plaise de trouver à travers ces quelques lignes, un désir profond de remise en cause des valeurs actuelles de nos sociétés.

CHAPITRE I

A) Introduction :

La situation que traverse le monde actuellement, en ce qui concerne les conflits tant internes qu'externes, accentuée par tous les fléaux qui sévissent le monde en ce début du 21ème siècle, à savoir la crise économique, les guerres, la famine, les calamités, la recrudescence de la moralité et les violences antisémites etc… Demandent une remise en question de certaines valeurs sociales qui actuellement sont en vogue au sein de notre société et qui tendent à mener le monde en péril.

Il y a un philosophe Jean Bodin qui disait aux 16ème siècle « il n'y a de richesses que d'hommes » pour lui, l'homme a toujours été le moteur du développement de son environnement socio-économique et culturel, il est de ce fait considéré plus comme une ressource capable de transformer en bien ou en mal son milieu, ainsi se définit en psychologie même l'intelligence, comme la capacité de s'adapter au milieu ou d'adapter le milieu.

Cependant pour que l'homme soit considéré en tant que tel, il doit être doté de toutes ses capacités tel que lui conféré par le Tout Puissant c'est-à-dire corps, âme et esprit.

Ce qui le différencierait d'autres créatures, comme les animaux qui n'ont qu'une âme et les objets qui n'ont qu'un corps, mais pas d'esprit. Si bien qu'au-delà de ses réflexes instinctifs (niveau primaire), l'homme doit être doté d'autres capacités intellectuelles, morales et spirituelles qui lui donneraient une personnalité exceptionnelle en tant qu'être créer à l'image et à la ressemblance du Tout Puissant. Cette identité acquise du Tout Puissant, donne à l'homme à l'instar d'Adam, le pouvoir et la capacité de créer, d'inventer, de gérer et de transformer son environnement bref, de le maitriser. Cependant, nonobstant tout le pouvoir lui conférer par le créateur, ce dernier lui fixe des limites que l'homme ne doit pas transcender, si bien que dans toutes choses que l'homme fait, on doit savoir qu'il y a un seuil qu'on ne peut pas dépasser, c'est là qu'intervient la notion du droit et du devoir.

Mais comme Adam et Eve avec leur conseiller le serpent, ont cru pouvoir agir même au-delà des limites (la loi), des instructions divines, le Tout Puissant les a rejetés en prononçant des sentences sévères à leur égard.

Cela voudra pour autant dire que du moment où l'on confie à quelqu'un une responsabilité, cette personne est censée connaître d'abord ses droits et ses devoirs (obligations).

Il doit toujours être capable de faire la balance entre les deux notions c'est à dire ne pas considérer seulement les droits qui sont les siens, mais aussi ses devoirs vis-à-vis des tiers.

Ce qui revient de faire appel à un minimum de civisme et de morale, voire la notion d'une justice sociale dans les rapports entre les hommes dans une société. Cette dernière étant facteur de paix et stabilité dans une société (organisation humaine). Il se dégage de nos jours, fort malheureusement, une remise en cause de tous ces facteurs qui font que, nous vivons au sein de communautés où l'injustice et le déséquilibre social battent le plein au point de faire exploser le climat social à tout point de vue surtout dans les pays dit non émergents.

Pour ainsi atténuer la gravité de la situation socioéconomique dans ces pays, on préfère parler de la mauvaise gouvernance plutôt que l'inversion des valeurs ou de la dépravation des mœurs ; d'où la raison d'être de notre réflexion qui vise à expliquer à l'opinion internationale les vraies raisons de la mauvaise gouvernance qui est tant décriée depuis la nuit des temps, principalement dans les pays du tiers monde où nous stigmatisons la mégestion, les inégalités, les exactions bref un manque de démocratie devant lesquels le monde semble être indifférent ou ignorant.

Si nous devons considérer les articles 2 et 3 de la Déclaration Universelle des Droits de l'homme.

Article 2 :

-   Alinéa 1 :
Chacun peut se prévaloir de tous les droits et de toutes les libertés proclamées dans la présente déclaration, sans distinction aucune, notamment de race, de couleur, de sexe, de langue, de

religion, d'opinion politique ou de toute autre opinion d'origine nationale ou sociale, de fortune, de naissance ou de toute autre situation.

-        Alinéa 2 :

De plus, il ne sera fait aucune distinction fondée sur le statut politique, juridique ou international du pays ou du territoire dont une personne est ressortissante, que ce pays ou territoire soit indépendant, sous tutelle, non autonome ou soumis à une limitation quelconque de souveraineté.

Article 3 :

Tout individu a droit à la vie, à la liberté, et à la sûreté de sa personne.

Il en ressort que tout être humain a droit à la vie quel que soit sa race, son origine… et que toute vie humaine est sacrée, d'où la notion de la déclaration universelle des droits de l'homme.

Les droits de l'homme ne sont pas seulement celui de la liberté d'expression comme d'aucuns le pense, mais aussi l'accès aux besoins fondamentaux, tels que droit à l'alimentation, droit à la santé, droit au logement, droit à l'électricité et à l'eau potable, droit à l'éducation etc…

C'est de cette manière-là que nous pouvons définir la responsabilité d'un état vis-à-vis de sa population et partant de cela, ressortir la responsabilité des dirigeants.

Or, au regard de toutes les souffrances et toutes les misères qui se lisent dans les pays non émergents principalement dans ceux d'Afrique subsaharienne, il se dégage un constat amer sur la gestion de la chose publique, ce qui amène à une réflexion sur l'état psychologique des dirigeants de ces pays-là, d'où pour nous, la question de savoir est ce que c'est un problème de compétence, de responsabilité, de civisme ou plutôt de moralité.

C'est ce que nous allons pouvoir développer dans les lignes qui vont suivre.
Bien entendu nous commencerons par définir certains termes et mots clés que nous utiliserons de manière récurrente tout au long de notre réflexion.

B) Définitions.

a) Civisme :

D'après le dictionnaire Petit Larousse Illustrée 2021, le mot civisme, vient du « civique », c'est-à-dire ce qui est en rapport avec le citoyen au regard de son rôle dans la vie politique ; d'où le terme de droits civique qui est conféré au citoyen.

L'éducation civique quant à elle apparaît comme une discipline destinée à préparer la population (les élèves) a leur rôle de citoyen ; au sens civique nous entendons par là le dévouement à la collectivité et à l'état.

Selon l'encyclopédie libre, le civisme désigne le respect du citoyen vis-à-vis de la collectivité dans laquelle il évolue et ses conventions, dont la loi. Ce terme s'applique dans le cas d'un rapport entre les institutions représentants la collectivité ; il s'agit donc pour nous, du respect de la chose publique et de l'affirmation personnelle d'une conscience politique, il implique pour cela la connaissance pour chaque membre de la collectivité de ses droits et de ses devoirs vis-à-vis de cette dernière.

Pour le professeur Marc Tshondo, (Recueil de l'éducation à la citoyenneté), la notion de civisme est liée à celle de citoyenneté, qu'il considère comme la transmission de valeurs et d'acquis sociaux devant répondre ou être associés à l'ouverture des défis actuels de nos sociétés. Pour lui la citoyenneté ne doit pas se limiter seulement à la transmission de valeurs et acquis sociaux, mais aussi à l'ouverture face aux enjeux sociaux eut égards aux réalités de la mondialisation.

Il s'agit pour cela de trouver un équilibre entre le volet transmission et celui de la projection dans le futur, il n'y a donc pas selon lui, la citoyenneté sans espace pratiques citoyennes sans lesquels les individus ou groupes sociaux se reconnaissent et sont connus quoique les espaces soient des champs de tensions, de négociation, de consensus et de confrontations interindividuelles, elle constitue aussi un cadre où sont posés les règles qui régissent les groupes sociaux, les cadres juridiques ou des valeurs universelles qui fondent les droits humains.

Ainsi l'éducation à la citoyenneté permettra à chaque individu de devenir l'acteur social dans un espace donné, une classe, une association, un syndicat, une commune, un état ou encore dans les enjeux de la mondialisation.

C'est ainsi qu'il distingue les axes de l'éducation à la citoyenneté, ainsi que les espaces d'éducation à la citoyenneté.

Axes de l'éducation à la citoyenneté.

L'éducation à la citoyenneté :
- S'inscrit dans un espace de pratique
- Vise à permettre des choix, des prises de positions.

Or, il n'y a pas de choix véritable sans connaissance de l'objet sur lequel porte ce choix.
- Permet d'observer et d'analyser des disfonctionnements sociaux, idéalement démocratiques, afin de fournir au sujet des outils pour s'intégrer dans ces espaces sociaux et d'y jouer un rôle d'acteur.

- Faveur la construction de compétence, outils indispensables pour jouer un rôle d'acteur dans un espace social limité ou vaste.
- Est intimement liée à la perception que le sujet a de son rôle social et du pouvoir dont il dispose.

Si la citoyenneté n'est pas associée à une marge de pouvoir ayant des enjeux (ou n'est pas perçue comme telle) elle perd son sens et son attrait. Personne n'est dupe longtemps des exercices alibis de participation et de consultation.

Espaces d'éducation à la citoyenneté.

Schématiquement, l'éducation à la citoyenneté s'exerce dans trois espaces à savoir :

- La citoyenneté à l'école et l'Université : Vivre ensemble et participer à l'échelle du groupe, de la classe de l'établissement scolaire ou universitaire à travers des structures participatives et la pratique du débat démocratique.

Connaître les droits et les responsabilités de chacun (e), ainsi que les mandats des acteurs de l'institution scolaire et universitaire.

- La citoyenneté dans le cadre local : Connaître les institutions locales et nationales de démocratie et de citoyenneté, participer à leur développement. Se préparer à exercer les droits et les responsabilités définis dans ces cadres institutionnels.

Participer et contribuer au vivre ensemble. Cet espace recouvre en partie ce qu'il était convenu d'appeler instruction civique.

- La citoyenneté et les enjeux mondiaux :

Vivre et agir dans une société mondialisée, caractérisée par des enjeux à l'échelle locale, nationale et mondiale. Savoir analyser ces enjeux ; être en mesure de se situer et d'opérer des choix en tant qu'acteur individuel, en tant que citoyen né d'un Etat, en tant que membre d'une entreprise, d'une association, d'un groupe d'intérêt…

Concernant les espaces de citoyenneté et de pratiques scolaires et universitaires, on relèvera quelques commentaires stimulants.

Charles Heimberg (Portée et limite de l'éducation à la citoyenneté démocratique, IPMES, Université de Genève, 2007, page 3) (1) rend attentif à la polysémie des représentations et des pratiques scolaires et universitaires dont fait l'objet la notion de citoyenneté :

Elle oscille notamment entre la dimension normative de la civilité, le civisme politique et participatif et l'analyse critique des problèmes de société.

La question se pose de savoir dans quelle mesure une perception ou l'autre de la citoyenneté à l'école ou l'université plutôt normative ou plutôt critique, n'en vient pas naturellement modifiée en fonction de l'identité sociale des publics scolaires et universitaires, comme si la réflexion la plus critique devait être davantage réservée aux filières gymnasiales, la civilité et ses prescriptions restant réservés aux milieux sociaux les plus défavorisés ».

a) <u>La morale</u> :

Selon le dictionnaire Petit Larousse, la morale concerne les règles de conduite propre à une société donnée, un enseignement de règles universelles et valables pour toute la société.

La morale (du latin moralitas « façon, caractère, comportement approprié ») désigne l'ensemble des règles ou préceptes relatifs à la conduite c'est-à-dire à l'action humaine.

Ces règles reposantes sur la distinction entre les valeurs fondamentales, le juste, et l'injuste, ou plus simplement le bien et le mal.

C'est donc d'après ces valeurs que ressort la morale des principes d'action qu'on appelle les devoirs de l'être humain vis-à-vis de lui-même ou vis-à-vis des autres et qui définissent la façon de faire et d'agir.

La morale peut renvoyer à l'ensemble des règles de conduite diffuses dans une société et exprimant ses valeurs (la politesse, courtoisie, civisme) ; Ou encore à des préceptes énoncés explicitement par une religion ou une doctrine (morale religieuse, philosophie morale, éthique) les règles morales peuvent cependant se diviser en deux groupes :

D'une part, la maxime de la morale personnelle (Individuelle) et d'autre part les codes de conduite (système, principe) partagés au sein d'une communauté culturelle, religieuse ou civile.

Par ailleurs les règles morales peuvent être vues comme de simples habitudes qui ont fini par s'imposer à un grand groupe social (sous forme de mœurs et de coutumes) c'est-à-dire des façons d'agir culturelles acquises, apprises et intégrées par les agents (consciemment ou non), et variables selon les communautés et les époques ; Mais elles sont parfois définies à l'inverse comme des règles universelles indépendantes du lieu et de l'époque, elles sont établies par la raison humaine ou exigées par une certaine représentation de l'être humain en général.

b) <u>La chose publique</u> :

Selon le Dictionnaire Littré, le mot « public » provient du mot latin « puplicus » c.-à-d. ce qui vient du peuple, ce qui appartient à tout un peuple, ce qui concerne tout un peuple et dont la gestion est assurée par les pouvoirs publics.

En effet, selon Christian Atias (Droit civil des biens), les biens, ce sont « toutes les choses qui, pouvant procurer à l'homme une certaine utilité, et qui sont susceptibles d'appropriation privée ; ces choses et les services qu'elles peuvent rendre aux hommes, sont rares. Les questions de droits des biens sont celles que suscitent les techniques des répartitions des choses entre les personnes.

D'où pour nous les biens peuvent être d'utilité individuelle (biens privés) ou d'utilité commune (biens collectifs) (public).
Nous distinguons cependant des biens communs matériels tout comme des biens publics naturels c.-à-d. du ressort de la flore, de la faune et du sol.

Pour bien comprendre la notion du bien public, nous devons d'abord jeter un regard sur les biens communs (Les biens appartenant à une communauté), l'expression bien commun peut avoir deux explications liées mais distinctes :

- En morale et en philosophie, les biens

communs désignent, le bien-être, ou le bonheur collectif (D'une communauté) de ses membres ou l'ensemble des choses qui sont supposées contribuer au bien-être matériel des membres dans le respect des règles fixées par ladite communauté, ce qui sous-entend une justice sociale.

- En économie, en droit en sciences sociales ou en politique un bien commun est toujours pris ou considéré dans son sens juridique.

A ce niveau, les biens communs revêtent un sens collectif c'est-à-dire une ressource ou une valeur qui échappe à la propriété individuelle mais qui est censé être gérée de manière collective par la communauté ou ses usagers (ex : le patrimoine commun de l'humanité).

Cela si l'on doit considérer la façon dont est gérée actuellement la problématique de l'environnement (écosystème, réchauffement climatique…).

Cependant nous distinguons les biens communs vivants ou directement associés aux vivants (la faune, la flore, la diversité biologique et tous les écosystèmes qui les régissent, et aussi des biens communs matériels qui sont directement associées à l'usage quotidien : comme l'eau, les infrastructures, la monnaie, etc…, c'est pour cela qu'il est nécessaire de déterminer ou de définir les modes de gestion de ces ressources surtout quand il s'agit toute une communauté, parce qu'à ce niveau-là c'est l'Etat qui prend la responsabilité de gérer les biens d'où ces biens qui étaient communs peuvent être considéré comme public étant de la responsabilité du pouvoir public.

c) <u>Gouvernance</u>

Pour comprendre la gouvernance, on doit d'abord commencer par définir le verbe « gouverner » d'où il tire son origine.
Selon internet, gouverner c'est administrer, c'est présider, c'est orienter, c'est diriger un Etat, bref c'est gérer.

Gouverner c'est en quelque sorte apporter des soins à une chose pour la maintenir en bon état, pour qu'elle ne périsse pas (ex : gouverner la basse-cour) dans cette optique, le gouvernant c'est donc une personne à qui on donne la responsabilité de gérer la chose publique et de veiller sur son utilisation adéquate.

Il se veut donc être comme un leader qui dicte la politique générale de (l'entreprise), des objectifs à atteindre et les méthodes de travail mises en place en vue de matérialiser sa politique.

Sur le plan pratique, quand nous parlons de la gouvernance, nous sous entendons la prévoyance, car dit on « gouverner c'est prévoir ».

Car on ne peut pas parler de la gouvernance s'il n'y a pas de prévisions préalables.
La personne qui est censée gouverner (gérer) doit être équipée et en mesure de répondre aux attentes et aux besoins des populations qui sont sous sa responsabilité.

Le gouvernant doit faire en sorte que tout le monde trouve son compte dans la répartition du revenu national, cela sous entends une justice sociale.

Il est donc hors de question de penser qu'on n'ait pas de compte à rendre à la population lorsque celle-ci remarque une défaillance.

Une négligence ou une injustice dans la façon dont l'on gère la chose publique, car dit-on une injustice faite à une personne est une offense vis-à-vis d'un groupe.

Il apparaît donc absurde de voir qu'un gouvernant se sente à l'aise quand sa population est en manque des besoins les plus élémentaires (l'accès aux soins de santé, l'accès à la scolarité, l'accès au logement, au transport et à l'autosuffisance alimentaire etc…).

Curieusement, au sein de tous les gouvernements du monde entier, et à la fin de chaque année sont mise en place des prévisions budgétaires ; ce qui à notre entendement suppose que l'on dispose d'une enveloppe conséquente capable de couvrir les désidératas de tous les secteurs de la vie sociale au sein de chaque pays.

De ce point de vue-là, nous pouvons affirmer que tous les secteurs étant représentés, tout le monde est concerné par la chaine des dépenses dont il sera question tout au long de l'exercice budgétaire, celui-ci étant considéré après approbation par le Parlement et promulgation par le Président de la République comme une loi. Cette loi de la distribution équitable des revenus tire son origine de la doctrine sociale de l'église dont la rédaction commence à la fin du XIX° siècle.

Le Principe de la destination universelle des biens revêt une importance immédiate (Dieu a destiné la terre et tout ce qu'elle contient à l'usage de tous les hommes et tous les peuples en sorte que les biens de la création doit équitablement affluer entre les mains de tous selon la règle de justice inséparable de la charité) Dieu ayant donné la terre à tout le genre humain pour qu'elle fasse vivre tous ses membres, sans exclure ni privilégier personne.

C'est là l'origine de la destination universelle des biens de la terre. (Ce qui a conduit aux principes du droit universel de l'usage des biens).

C'est à dire que chaque personne doit se retrouver dans la distribution du revenu national, ce qui par ailleurs constitue la base de l'impôt des collectivités, une façon pour l'Etat de développer une forme de solidarité collective, qui veut qu'à la place que les hommes se tracassent de prendre en charge leurs proches, c'est l'Etat lui-même qui s'en charge de manière à distribuer équitablement le revenu national.

C'est pourquoi l'exigence de la part des gouvernants d'une gestion saine et transparente de manière à ce que toute personne faisant partie de la communauté puisse se retrouver, une garantie pour la confiance, la tranquillité et la paix sociale.

Chapitre II

Gestionnaire face à la chose publique

A. Notion d'autorité :

1) Définition :

Selon le dictionnaire de politique, l'autorité qui vient du latin « autoritas » est définie comme la capacité de faire grandir ; l'autorité est donc le pouvoir de commander, d'obliger à quelque chose, d'être obéi, elle implique ainsi une notion de légitimité.

L'autorité peut avoir plusieurs objets :

- Le droit, le règlement, la loi ex : autorité judiciaire
- La structure à laquelle on appartient comme la famille, l'entreprise ex : autorité parentale
- L'autorité informelle par la reconnaissance des attitudes, des compétences ex : le leadership, le charisme.

Dans un Etat, l'autorité est le pouvoir politique, le gouvernement, l'administration publique chargée de faire respecter la loi ou un secteur administratif disposant d'un pouvoir de décision défini par la loi.

L'expression « les autorités » désigne les personnes qui exercent l'autorité.
EX : les autorités civiles et militaires.

Dans un domaine d'activité, une autorité est une personne considérée comme une référence, comme un expert qui a le pouvoir d'influencer les autres, qui dispose d'un crédit, d'une considération importante, dont les opinions sont admises par le plus grand nombre.

Faire autorité signifie faire la loi, servir de règle, de référence, avoir de la valeur ; selon le dictionnaire français Larousse :

L'autorité c'est le pouvoir de décider ou de commander, d'imposer ses volontés à autrui. Sur le plan administratif, l'autorité représente une institution ou l'organisme auquel lui est confié un pouvoir de décision légalement défini (autorité judiciaire, autorité municipale); C'est donc un crédit, une influence, un pouvoir dont jouit une personne ou un groupe dans le domaine de la connaissance ou d'une activité quelconque, du fait de sa valeur, de son expérience et de sa position au sein de la société.

Cependant à chaque fois que la personne censée exercer une autorité n'a pas une idée claire sur le job description et qu'il ne possède pas un cahier de charge par rapport aux tâches qu'il est appelé à remplir, il en ressort pour la plupart du temps un conflit de compétence, qui lui a pour conséquence un abus de pouvoir.

Pour ce qui nous concerne, dans notre réflexion, l'accent est plus mis sur la notion de l'autorité publique.

En définition l'autorité publique est l'autorité détenue par les pouvoirs publiques, l'Etat et collectivités territoriales.

Au pluriel l'expression « les autorités » désigne l'ensemble des pouvoirs publics.

Exemple : les autorités civiles, les autorités militaires. Une personne dépositaire de l'autorité publique est une personne qui détient un pouvoir de décision et de contrainte sur des personnes et sur des choses dans l'exercice des fonctions dont elle est titulaire, par délégation du pouvoir publique, que ce soit de manière permanente ou temporaire.

On distingue plusieurs catégories de dépositaire de l'autorité publique :

1. Les représentants de l'Etat et des collectivités territoriales :
    *   Le Président de la République
    *   Les ministres, secrétaires d'Etat et sous secrétaires d'Etat
    *   Les préfets et sous-préfets
    *   Les présidents des conseils régionaux et généraux
    *   Les maires
    *   Les ambassadeurs, les consuls

2. Les fonctionnaires de l'ordre administratif et plus spécialement les représentants de la force publique. Exemple :

    *   Les fonctionnaires des douanes
    *   Les gendarmes
    *   Les fonctionnaires des services de police

- Les fonctionnaires et agents des préfectures, sous-préfectures et mairies.

3. Les officiers ministériels, notamment :

- Les commissaires-priseurs
- Les notaires
- Les huissiers de justice
- Les greffiers des tribunaux de commerce

cependant à chaque fois que nous parlons de la notion de l'autorité, nous la mettons toujours en parallèle avec la notion de la responsabilité, étant donné que l'on est autorité par rapport à certaines obligations ou à certaines tâches que l'on est censé accomplir.

Nous en parlerons avec plus amples détails au chapitre suivant où nous aurons à décrypter la façon dont l'autorité doit être exercée dans la réalité.

B. Droit et devoir civique :

Un devoir est une obligation qui peut être de nature juridique ou morale, de ce fait, les devoirs constituent la contrepartie des droits des citoyens.

Dans un sens juridique, le mot « devoir » est employé comme synonyme du mot « obligation ».

Un vendeur par exemple, a donc le devoir de livrer l'objet qu'il a vendu, tandis que l'acheteur a le devoir de payer le prix de cet objet. Bien souvent, ce terme désigne des obligations juridiques dont la connotation morale est importante (ex : les devoirs du mariage).

Quant à nous, c'est donc ce dernier aspect qui nous intéresse étant donné qu'au-delà de toute considération juridique, l'homme est censé intérioriser un certain nombre de valeurs, qui lui impose des limites vis-à-vis des tierces et vis-à-vis de la société.

Le citoyen est donc appelé à modérer sa conduite, son comportement, son attitude… vis-à-vis de l'extérieur sachant que son droit s'arrête quand il s'agit de considérer les droits des autres.

Dans la vie publique française par exemple, la notion de devoir est associée à celle de la citoyenneté, qui est une juxtaposition des trois notions essentielles à savoir :

1. La civilité :

Il s'agit d'une attitude de respect à la fois à l'égard des autres citoyens (ex politesse), mais aussi les divers bâtiments et lieux de l'espace public (ex : transport public), c'est une reconnaissance mutuelle et tolérance des individus entre eux, au nom du respect de la dignité de la personne humaine, qui permet une grande harmonie au sein de la société.

Si nous devons considérer cet aspect des choses, il se dégage que l'homme (africain), les responsables politiques, dès qu'on lui donne une parcelle de pouvoir (poste ministériel) il se croit permit d'aliéner les biens publics au profit des intérêts privés (familial). Il ne développe aucun réflexe de protection voire de défense des patrimoines communs mis sous sa responsabilité.

Au contraire on assiste à une spoliation même des espaces publics, des terrains de jeux au vu et au su de tout le monde, sans toutefois rencontrer une quelconque résistance ou opposition, d'où la nécessité pour les citoyens de développer une notion de solidarité collective.

2. **Solidarité :**

Elle est définie selon VPF (2) (vie publique française fiche 23857) comme un ensemble d'hommes et de femmes attachés à un projet commun, voire à un objectif commun qui impose une solidarité.

Elle correspond à une attitude d'ouverture à autrui.

Pour illustration les principes républicains de fraternité qui consistent à venir en aide aux plus démunis directement ou par le biais des politiques publiques (ex : impôts redistribuâtes) est lié directement à la notion de citoyenneté.

Cette pratique ne peut être régulée qu'avec des Etas forts qui non seulement sont capables de mobiliser des recettes, mais aussi de les distribuer équitablement.

Ce qui n'est pas le cas dans les pays en voie de développement où les dirigeants s'approprient 90% du PIB, oubliant que les richesses du sol, du sous-sol ou des services dont peut disposer un pays, est un patrimoine commun même si tout le monde n'a pas la capacité de les transformer.

Si bien que la plupart des budgets de ces pays sont institutionnels, c'est-à-dire, les institutions de l'Etat avalent les trois quarts du budget alors que les secteurs primaires (éducation, social, infrastructures) sont relégués au second plan.

Comme l'Etat parait dans ces conditions impuissantes face aux besoins primaires de sa population, c'est alors que les petits groupes qui ont le privilège de puiser au trésor public, se transforme en bon samaritain, en offrant des dons en cas de nécessité pour des visés populistes (campagne) et les citoyens qui en reçoivent sont complètement aveuglés ne sachant pas que ce qu'ils reçoivent comme don est l'émanation du trésor public dont ils sont aussi bénéficiaires, d'où la nécessité de pouvoir éclairer la notion de civisme.

3. Civisme :

Selon VPF (2) il consiste à titre individuel à respecter et à faire respecter les lois et les règles en vigueur, mais aussi avoir conscience de ses devoirs envers la société.

De façon plus générale, le civisme est lié à un comportement actif du citoyen dans la vie quotidienne et publique qui le conduit à agir pour que l'intérêt général l'emporte sur les intérêts particuliers.

Ce qui malheureusement n'est pas le cas dans nos pays en voie de développement où les intérêts privés prennent le dessus sur les intérêts publics.

Le gouvernant, dans ce cadre a tendance à orienter la politique de l'entreprise ou de l'entité qu'il gère dans le sens de ses intérêts (commissions) au risque de sacrifier l'avenir de tout un peuple.

Nous assistons à des scènes telles que les institutions financières chargées d'octroyer des prêts pour les PME, ont sous l'influence du népotisme et du clientélisme octroyé des crédits à des personnes ne possédant aucun projet social, aucune infrastructure, aucun cadre juridique, aucun business plan, se trouvant dans l'incapacité de rembourser leur crédit puisqu'en réalité ils ne possédent aucune activité lucrative.

Ce genre de comportement incivique se justifie par le fait que les personnes commettant de tels forfaits ne souffrent d'aucun contrôle ou d'aucune poursuite judiciaire.

 Ils sont au contraire de plus en plus encouragés par la hiérarchie, qui à la place de sanctionner, leur accorde des promotions ou encore plus de responsabilité.

Ainsi nous nous retrouvons en face de criminels économiques qui pour assurer leur protection, cherchent à faire partie à tout prix des institutions de l'Etat, des partis politiques, en vue de jouir d'une certaine immunité face à toute poursuite judiciaire, si poursuite il y en aura.

Nous disons cela étant donné que certains magistrats qui apparemment travaillent de mèche avec les criminels économiques, manifestent des attitudes nonchalantes et bouchent leurs oreilles vis-à-vis des crimes économiques qui se produisent au sein des services de l'Etat ; alors que la notion de civisme implique aussi la notion d'indépendance d'esprit, d'honnêteté et de respect vis-à-vis de la loi.

En tant que troisième bras des institutions républicaines, la magistrature devrait être le dernier rempart de tous les citoyens et une vraie balance de l'appareil de l'Etat.

Mais hélas aujourd'hui suite à l'ignorance ou à l'incompétence de ses acteurs, nous assistons à une justice médiocre, qui est fonctionnelle pour les faibles et impuissante pour les forts ; ce qui définit la petitesse d'esprit de ceux qui sont censé donner un sens à la vie communautaire.

Ne dit-on pas « que la justice élève une nation » ?

C. Aspect déontologique et morale de la gestion.

1. Ethique.

Définition de l'éthique :

Etymologie : du grec « ethikos », moral, de ethos, mœurs.

L'éthique est la science de la morale et des mœurs. C'est une discipline philosophique qui réfléchit sur les finalités, sur les valeurs de l'existence, sur les conditions d'une vie heureuse, sur la notion de « bien » ou sur des questions de mœurs ou de morale.

L'éthique peut également être définie comme une réflexion sur les comportements à adopter pour rendre le monde humainement habitable.
En cela, l'éthique est une recherche d'idéal de société et de conduite de l'existence.

Etymologiquement le mot « éthique » est un synonyme d'origine grecque de « morale ».

Il a cependant, de nos jours, une connotation moins péjorative que « morale » car plus théorique ou philosophique.

Tandis que la morale est un ensemble de règles ou de lois ayant un caractère universel, irréductible, voire éternel, l'éthique s'attache aux valeurs et se détermine de manière relative dans le temps et dans l'espace, en fonction de la communauté humaine à laquelle elle s'intéresse.

Dans « Le capitalisme est-il moral ? » (Albin Michel), le philosophe André Compte-Sponville distingue l'ordre moral de l'ordre éthique.

Pour lui, la morale est ce que l'on fait par devoir (en mettant en œuvre la volonté) et l'éthique est tout ce que l'on fait par amour (en mettant en œuvre les sentiments).

Dans la conception sociétaire, il est supposé de mettre sur pieds comme une espèce de charte sociale qui se voudra être comme une garantie de paix, de justice, de respect mutuel et d'harmonie au sein d'une communauté.

Selon Hans Jonas la meilleure charte ou constitution la plus durable n'est garantie que par une meilleure vertu ; par conséquent la meilleure constitution ou charte républicaine doit d'elle-même pourvoir à la vertu des citoyens.

Le fait que les biens véritables de l'individu coïncident avec ceux de l'Etat, fait de l'Etat une institution intrinsèquement morale et pas seulement utilitaire.

Il pense qu'un citoyen vertueux développera ses meilleures capacités et sera prêt, chaque fois que cela est nécessaire, à les mettre au service du bien de l'Etat, tout en respectant, en vue d'en jouir également de leurs possessions et de leur exercice comme d'un accomplissement de soi-même.

C'est ainsi que la communauté politique pourra en profiter en permanence sans toutefois se mettre à la place de l'hégémonie personnelle.

Pour cet auteur toutes les vertus, les modes excellences personnelles présentent cet aspect double :

Le courage met à la disposition de l'ETAT les défenseurs contre les ennemis de l'extérieur et le sentiment d'honneur, les candidats au poste suprême, la prudence l'empêche de s'engager dans les aventures trop audacieuses, la tempérance bride la soif de pouvoir qui pourrait y exciter, la pondération tourne le regard vers le bien dont la possession ne se laisse pas acheter, qui ne peut donc pas faire l'objet d'un litige ; la justice qui accorde à chacun son dû, empêche ou atténue les sentiments d'être traité injustement, qui peuvent conduire à la révolte et à la guerre civile.

De ce point de vue la justice comme telle est une condition privilégiée de la durée parce qu'elle constitue une véritable vertu.

Cet aspect des choses impose l'exigence d'un dépassement des considérations individuelles au profit de la considération collective au point que tout le monde se veut être sentinelle pour son prochain.

À ceci se dégage comme une espèce de censure et pudeur dans ses agissements et dans son comportement au sein de la communauté, par exemple dans les sociétés occidentales, quelqu'un peut facilement se gêner de se passer de la poubelle pour jeter les ordures dans la rue sans qu'il soit sous le regard de qui que ce soit ou d'une quelconque contrainte, chacun se sent dans l'obligation de participer à l'harmonie sociale dans le respect des autres, ce qui développe sans doute un sentiment de vivre ensemble pour tous les membres d'une communauté.

2. Déontologie.

Définition de déontologie :

Etymologie : de l'anglais déontology, venant du grec déon, ce qu'il faut faire, devoir, avec le suffixe-Logie, du grec logos, étude, science, discours, parole.

La déontologie est l'ensemble des règles ou des devoirs régissant la conduite à tenir pour les membres d'une profession ou pour les individus chargés d'une fonction dans la société.

Qu'elle soit imposée ou non par la loi, elle constitue la morale d'une profession.

C'est le cas par exemple pour les professions médicales (serment d'Hippocrate), les journalistes (Charte de Munich), les avocats. Un code de déontologie professionnelle est ce qui régit l'exercice d'une profession.

Il en décrit l'éthique ainsi que les droits et les devoirs de ceux qui l'exercent, de même que les rapports entre ceux-ci et leurs clients ou le public.

L'éthique déontologique est une théorie philosophique selon laquelle chaque action humaine doit être appréciée selon sa conformité ou non à certains devoirs.

Le déontologisme s'oppose alors au conséquent sectarisme qui en découle, qui considère que les actions humaines ne doivent être jugées qu'en fonction de leurs conséquences.

C'est à ce niveau que nous découvrons le vrai sens du devoir face aux responsabilités qu'on est censé assumer.

Selon Hans Jonas, les morales traditionnelles sont devenues inopérantes en particulier, il propose ainsi une reformulation de l'éthique autour de l'idée de la responsabilité sous ses différents aspects (naturels et contractuels).

Quant à nous, nous différencions l'aspect naturel de l'éthique de l'aspect contractuel, dans ce sens que la responsabilité naturelle est liée aux exigences du métier que la personne est appelée à exercer et à la discipline qui lui est imposée par ce dernier, ce qui exige l'adoption d'une attitude ou d'un caractère lié à l'exercice de ces fonctions.

C'est ainsi que pour certain métier on a fait recours à un système de serment, une façon pour la société d'engager la conscience et la responsabilité de l'assermenté, qui du reste se trouve dans l'obligation de respecter son corps de métier (ordre des médecins, ordre des avocats,).

Tout en sachant que toute négligence ou aliénation du serment conduirait à une sanction définie par la loi organique ou le règlement d'ordre intérieur.

Cependant, à la différence de l'aspect naturel, l'aspect contractuel de la responsabilité se situe au niveau de l'engagement de l'individu vis-à-vis de l'institution, de l'entreprise au sein de laquelle il évolue, qui du reste lui définit un cahier de charges correspondant à des valeurs qu'il faudrait absolument observer pour le bien-être commun.

D'où la personne est tenue d'observer une certaine attitude dans son lieu de travail mais aussi donner un rendement attendu par son employeur.

Pour certaines entreprises à culture occidentale il est peu recommandé de pouvoir transformer son lieu de travail en un lieu de rendez-vous privé pour les amis, voire les membres de famille, ce qui est pratiquement l'inverse dans la culture africaine sub-saharienne où le lieu de travail ne souffre d'aucun interdit.

D. Rapport de force entre le cognitif et l'affectif.

Sur le plan psychologique, pour le professeur d'Economie et de Sociologie Eugen Brother (3), dans son analyse du comportement des masses, il explique que » la vie économique est moins régie par les intérêts du pays que par des impulsions collectives issues de fantasmes et de mythes » (Ethique, sociologie et économie).

En parlant du cognitif, nous sous-entendons tout ce qui a trait à la conscience, à l'intelligence et au sens de la raison, tandis que quand nous parlons de l'affectif nous sous-entendons à tout ce qui a trait aux émotions et aux sentiments.

En effet la passion c'est quelque chose qui est lié à l'état d'âme de la personne, elle traduit le désir profond d'un individu et constitue de ce fait une pulsion interne qui le pousse à poser certains actes, ce qui n'a rien à voir avec la conscience de l'individu, parce que cette dernière est la résultante du rationnel (de l'esprit), si bien que dans la vie courante nous assistons à une épreuve de force entre les deux acteurs de l'activité psychomotrice de l'homme.

Au point que l'un finit toujours par prendre le dessus sur l'autre.

Généralement dans la plupart des cas, surtout pour les personnes n'ayant pas la maitrise de soi ou une discipline personnelle c'est la passion qui domine sur la conscience, cela ne veut pas pour autant dire que les hommes les moins intelligents soient les plus exposés à ce phénomène mais au contraire cela touche même l'élite à partir du moment où les principes régissant leur mode vie sont immoraux.

Il en ressort que dans les rapports de force entre le cognitif et l'affectif c'est l'affectif qui a tendance à prendre le dessus, puisque l'homme se veut obtenir une satisfaction immédiate, alors que le cognitif se veut être plus modéré puisque capable de peser ou de juger le pour et le contre de tout acte que l'on pose ou de tout engagement que l'on est censé contracter.

Il se dégage malheureusement un constat tel que face à une situation quelconque l'homme manifeste un désir de se satisfaire, de se faire plaisir en commettant des actes répréhensibles comme : le viol sur mineur, la pédophilie sans toutefois en mesurer les conséquences.

Il ne sait pas réfléchir sur les conséquences physiques et morales que de tels actes peuvent causer vis-à-vis de la victime voire sur sa propre réputation.

Pour lui aveugler par la passion, ce qui compte c'est de trouver satisfaction à ses désirs quelque en soient les conséquences.

Il en est de même des actes de vol ou de détournements pour lesquels, les hommes prennent des gros risques de subir parfois des sanctions disproportionnelles aux actes qu'ils posent, qui selon eux paraissent bénins à l'égard de la communauté.

Nous voyons par exemple des personnes se trouvant en charge des responsabilités du trésor censé prendre soin du personnel et de l'entreprise, en train d'utiliser abusivement les deniers publics au détriment du personnel ou même de l'entreprise sans toutefois réfléchir sur les conséquences que de tels actes peuvent avoir sur le plan social ou sur la survie de l'entreprise.

Si nous faisons une enquête de loyauté, il peut en sortir que la personne à qui on a confié de telles responsabilités est victime de la polygamie et de ce fait confronté à plusieurs obligations financières auxquelles il doit faire face, dans ce cas la pression sociale et la passion lui font oublier son devoir de gestion de la chose publique pour laquelle il est appelé à gérer en bon père de famille.

Il est donc hors de question de penser bénéficier du bonus des efforts collectifs fournis par tous les travailleurs, dans ce cas nous voyons que le dit responsable développe une forme de débilité mentale ou schizoïdie le poussant à oublier l'environnement dans lequel il évolue, mais aussi ses obligations, ses devoirs et son rôle au sein de la société en général et de l'entreprise dont il exerce le mandat en particulier.

Nous parlons dans ce cas d'un blocage ou d'une aliénation des capacités intellectuelles de ces responsables, comme qui dirait la passion bloque l'intelligence, d'où la supériorité de l'affectif sur le cognitif.

L'angoisse qui accompagne le gestionnaire dès la prise de ses fonctions, le pousse dans une précipitation au point de vouloir bouger tous les filons et vite se servir, redoutant la courte durée de son mandat.

Nous pouvons ainsi dire que notre gestionnaire se comporte en homme inconscient qui ignore complètement avoir obtenu un mandat et qu'il a des comptes à rendre tant à l'égard des pouvoirs publics, que des hommes qui sont sous sa responsabilité.

Dans la plupart des cas, surtout dans nos pays émergents ces gestionnaires jouissent d'une protection de la classe dirigeante, de la justice, voire de la police au point qu'ils se considèrent comme intouchables ou tout puissant, capable d'aliéner même le patrimoine public sans être inquiéter.

Dans notre chapitre sur l'étude des cas, nous allons vous montrer comment certains responsables sont arrivés même à vendre les biens de l'Etat au grand jour (immeubles, maisons) ; Ou s'en approprier abusivement sans toutefois être inquiétés.

Ce manque d'état d'âme est alimenté malheureusement par un manque de scrupules de ces personnes qui sont toujours prêtes à briguer des postes de responsabilité tant que c'est possible.

Entretemps la population assiste impuissante devant la spoliation des richesses et la destruction du tissu économique, puisque ces prétendus responsables qui pillent le trésor de l'Etat, ne pensent même pas à mettre sur pieds des outils de production, des petites et moyennes entreprises pouvant permettre d'occuper les jeunes ou certains pères de famille.

Ce manque d'état d'âme fait que même les petites unités de production telles que les pâtisseries et boulangeries…, soient tenues par des expatriés ; alors que l'investissement dans ce cas d'espèce n'exige même pas un capital important, cependant le coût du charroi automobile utilisé par les gouvernants, dépasse de loin la mise sur pied d'une petite usine de fabrication exemple : savon artisanal, ou le développement d'une porcherie, voire d'un poulailler.

Nous assistons donc à un mode gestion plein d'angoisse, où les dirigeants par peur de perdre leurs positions, cherchent la satisfaction immédiate et totale de ses propres besoins aux détriments de l'intérêt communautaire, d'où l'apparition d'un malaise social et de sentiment d'injustice au niveau de la population.

Une telle société qui, en manque de justice sociale, est vouée au chaos puisqu'elle développerait la criminalité, la corruption, le chômage et l'immoralité qui auront pour conséquences une inversion des valeurs.

C'est ainsi que nous assistons actuellement à une société complètement déséquilibrée, désarticulée où la plupart des responsables manifestent des comportements régressifs qui à la place de les conduire à l'utile, les conduisent au contraire à l'agréable.

Tout en sachant que sur plan psychologique la régression mentale est un comportement dangereux qui affecte le quotient intellectuel d'un individu au point de ramener son quotient intellectuel à un niveau plus bas (d'idiotie ou d'imbécilité).

D'une manière générale en psychologie, le quotient intellectuel se définit comme le rapport de l'âge mental fois cent sur l'âge chronologique.

Si bien qu'une personne ayant un âge chronologique avancé et se retrouvant en train de manifester un comportement irresponsable d'un enfant en âge mental de 15 ans tomberait automatiquement dans l'idiotie, la médiocrité, parce que le comportement qu'il affiche ne correspond en rien à ce que la société attend de lui par rapport à son âge chronologique.

Que dirons-nous donc ?

Que le gestionnaire ou le dirigeant manifestant des comportements irresponsables sont-ils victimes d'une régression mentale, qui par la force des choses les poussent à aller se ressourcer dans le subconscient en posant des actes ou manifestant les comportements pouvant leur procurer encore du succès ou des avantages.

Cela veut pour autant dire que les comportements ou les actes d'un responsable doivent être l'émanation d'une réflexion teintée de moralité et de vertu, parce qu'il ne suffit pas seulement d'être intelligent mais aussi d'être un modèle ou une référence pour la société dans laquelle on vit.

C'est seulement de cette manière que l'on peut assurer son avenir personnel et celui de toute la nation.

CHAPITRE III
LES CAUSES DE LA MAUVAISE GOUVERNANCE

A. L'implication de l'inconscient collectif dans le système de gestion :

1. Selon Simon Freud :

L'inconscient collectif se veut être un système diabolique établit par un groupe de personne qui selon eux, est le chemin obligé que doit emprunter tout citoyen pour assurer sa réussite au sein de la société.

Ce genre de système fonctionne bien sûr sous la protection de lobby tel que la mafia en Italie et les réseaux de la drogue en Colombie.

Si bien qu'il parait difficile même au niveau de l'Etat de démanteler ce genre de réseau.

Puisque dans la logique de la mafia, les vices deviennent des valeurs sur lesquelles reposent l'espérance d'un groupe d'individu qui en assure par ailleurs la protection.

2. Selon Carl Gustav Jung (4) :

Fondateur de la psychologie analytique.

L'inconscient collectif existe avant l'inconscient individuel. Pour lui l'inconscient collectif est un concept de la psychologie analytique s'attachant à désigner les fonctionnements humains liés à l'imaginaire commun ou partagé quels que soient les époques et les lieux qui influencent et conditionnent les représentations individuelles et collectives.

Selon lui les instincts et les archétypes (modèle original ou idéal) constituent l'ensemble de l'inconscient collectif.

On l'appelle « Collectif » parce qu'au contraire de l'inconscient personnel, il ne s'est pas fait de contenus individuels plus ou moins uniques ne se reproduisant pas, mais de contenus universels et qui apparaissent régulièrement, qui fonctionne notamment dans le milieu animal.

En effet ils veillent les uns sur les autres d'où la tendance pour certains animaux à se déplacer en groupe ou clan, ils manifestent ainsi une agressivité lorsqu'un membre du clan ou groupe est attaqué.

Sur le plan psychologique les personnes évoluant dans ce système développent un instinct de protection.

Il en résulte donc une diminution d'efficacité des actions de l'Etat surtout quand ces groupes se constituent en lobby financier, au point même d'influencer l'économie sur le plan national. Nous faisons face dans ce cas, à une bourgeoisie d'état qui contrôle la masse monétaire, les importations et les exportations ainsi que les marchés d'échange. Comme si cela ne suffisait pas, ils sont à même d'étendre leur influence sur le pouvoir judiciaire qui une fois affaibli, dépouille et vide l'Etat de sa substance.

C'est bien entendu ce système qui est en vogue dans les Pays dits en voie de développement, qui du reste souffrent de l'instabilité économique caractérisée par une pauvreté extrême entretenue par une poignée de personnes, qui jour et nuit ne font que lutter pour la protection de leur pouvoir. Ils sont donc prêts à toute sorte de sacrifice pourvu que leurs intérêts soient garantis, ils ferment donc les yeux devant la détérioration de la gestion de la chose publique.

Face à leurs intérêts, ils ne redoutent rien même les catastrophes les plus décriées par la presse, leurs actions n'étant convergées que vers la protection de leurs intérêts au détriment de l'intérêt collectif.

Cela parait plus évident quand nous observons qu'ils n'ont aucune politique de solidarité collective, contrairement aux occidentaux qui malgré tout ont un semblant de couverture sociale.

3. Le clivage entre la solidarité collective et solidarité individuelle :

L'occident a accédé depuis bientôt un siècle à l'économie de marché, du libre-échange et de la production industrielle, où tout est organisé de manière à ce que l'argent soit au centre de toute transaction ou activité économique.

Si bien que sans argent il est quasi impossible ou difficile à l'homme d'avoir accès aux différents besoins et services que lui offre la société moderne (électricité, eau potable, moyen de communication…).

Cependant sur le plan des rapports sociaux, l'occidental est régi par un système égocentrique, qui veut que chacun compte sur ses propres moyens même s'il évolue au sein d'une famille où les gens sont nantis ou riches.

Cependant nous savons que dans toute société, tout le monde n'a pas les mêmes capacités, le même potentiel.

On y trouve des handicapés, des chômeurs, des vieillards, des veuves avec enfants en charge, des paresseux, c'est comme ça qu'il est important de pouvoir penser à une organisation sociale pouvant soulager cette catégorie de la population et leur permettre d'avoir accès à la vie économique.

Raison pour laquelle en Occident on a mis sur pied les structures de solidarité collective en vue de la protection des faibles, à qui on veut assurer un certain niveau de vie.

L'organisation des mutuelles de santé, des centres d'aide sociale (CPAS), de chômage, des caisses d'allocation, des pensions sont les quelques exemples de la solidarité collective. Ce qui est important, c'est qu'au niveau de l'Occident, les dirigeants sont conscients que la défection de cette solidarité peut causer la détérioration de l'équilibre sociale, d'où l'importance accordée sur la manière dont les produits Nationals bruts sont distribués au niveau des entités décentralisées.

Ceci leur évite de tomber dans un malaise social pouvant engendrer la criminalité, le banditisme et l'animosité des uns envers les autres.

Raison pour laquelle il est important de pouvoir chercher à élaguer cette sorte de bourgeoisie comprador, protégée par l'Etat ou le pouvoir en place et qui se veut invulnérable même au niveau des juridictions compétentes.

Cette sorte de protectionnisme ne peut qu'encourager les dirigeants à exceller dans le mal, parce qu'ils ne peuvent pas s'amender face aux délits causés. Si bien que devant un tel système il se dégage un sentiment d'animosité, de colère, de vengeance et de rébellion du côté de la population qui cherche par tous les moyens à régler les comptes avec sa classe dirigeante.

Les phénomènes comme des grèves à répétition, des pillages à grande échelle, constituent des signes d'un malaise profond de la population et du rejet implicite des systèmes de gouvernance.

De tels système de gestion sont assis sur une bombe à retardement, d'une société qui cherche par tous les moyens comment démanteler la classe dirigeante ou contourner le système même.

C'est ainsi que l'on assiste malheureusement à une recrudescence de la morale collective au point que des phénomènes comme la corruption deviennent hémorragiques.

Entretemps au niveau de la classe dirigeante, voulant pérenniser le système, ils arrivent à créer et à voter des lois qui vont à l'encontre de l'attente de la population, mais au profit d'un petit groupe de personnes qui traduit la théorie du complot au haut sommet des institutions de la

République, qui du reste ne rassure en rien l'avenir de la nation.

Ce n'est pas pour autant dire que ces dirigeants soient incapables de réguler la vie nationale, mais au contraire ils manifestent tout simplement de manière délibérée une attitude d'inconscience collective, qui légifère des lois, des ordonnances, des arrêtés teintés d'antivaleurs au niveau des assemblées, des sénats ou des groupes parlementaires ; sachant dorénavant que ces dispositions vont à l'encontre de l'intérêt supérieur de la nation, d'où l'adage qui dit «science sans conscience n'est que ruine de l'âme».

B. Conception de la responsabilité.

A la lumière de ce qui précède, nous considérons qu'une des raisons de la mauvaise gouvernance est le manque de responsabilité, d'où la nécessité de définir la notion de responsabilité.

1. Définitions :

-       La responsabilité vient du latin « respondere », se porter garant, répondre de, engagement solennelle, assurance.

-       Sur le plan sociologique, la notion de responsabilité est liée à celle de l'autorité qui consiste non pas seulement à exercer un pouvoir sur la personne mais aussi à assumer une responsabilité vis-à-vis de celle-ci. Selon le dictionnaire politique, un responsable est celui qui a des comptes à rendre ou qui rend compte aux autres.

C'est en quelque sorte une personne qui détient un mandat public, pour lequel elle est censée donner satisfaction aux personnes ou à la collectivité qui l'a mandaté, ceci étant, pour la plupart du temps octroyé par voie de vote, de nomination ou par voie consensuelle.

Cependant dans l'exercice de leurs fonctions, nous voyons que la plupart des « responsables » luttent ou travaillent pour des intérêts mesquins (lié à leur propre famille, ou à leur groupe d'appartenance sociopolitique) ; cela quand bien même ils tirent leur légitimité de la population.

Le fossé est de plus en plus remarquable dans les pays dits en développement où les règles du jeu ne sont pas clairement définies ; où les dirigeants jouissent d'une protection occulte qui fait d'eux des petits roitelets, au point d'aliéner les biens publics sous le regard impuissant de la population. Ils posent visiblement des actes d'abus des biens sociaux et de spoliation des biens publics sans en avoir la moindre crainte.

Or dans les pays qui se respectent, un poste ministériel par exemple, est un poste de haute responsabilité, qui exige une certaine retenue de la personne qui exerce la fonction, parce qu'il est celui qui est censé engager l'Etat c'est-à-dire les pouvoirs publics.

Si bien que tout acte ou tout engagement (contrats) qu'il prend au nom de l'Etat doit être bien réfléchi, au risque de faire l'objet de poursuite dans les temps à venir, cela quand bien même il ne serait plus en fonction.

Alors que dans les pays dit en développement ceux qui occupent les postes à responsabilité, pensent avoir beaucoup plus de privilèges par rapport aux autres ; Si bien que ne pas payer un salaire d'un fonctionnaire ou d'un employé pendant plusieurs mois par exemple, parait quelque chose de normal, même si ces derniers sont des chefs de famille ou ont des enfants à charge, alors que le salaire est un droit.

Ce qui nous donne l'impression d'une aliénation de la classe dirigeante qui fait preuve d'un manque de vision et de responsabilité face à la mission qui leur est confiée. Ce qui aura pour conséquence la non implication des fonctionnaires ou des employés dans la mise en œuvre pour l'épanouissement de l'entreprise, il y a donc un manque de motivation.

Un responsable militaire par exemple en charge d'un bataillon (colonel) de 120 personnes est considéré comme un chef de famille.

Il a de ce fait le devoir de veiller à ce qu'il n'y ait pas beaucoup de perte dans sa troupe, même en temps de guerre.

Une fois qu'il se rend compte qu'il a perdu la moitié du groupe, il doit capituler, puisqu'à ce moment-là, il se sentira impuissant puisque ne pouvant assurer la protection de sa troupe.

Cette logique militaire devrait être valable pour tous les dirigeants ayant à leur charge un certain nombre de personnes (équipe).

Ils devraient considérer de ce fait que l'échec du groupe ou la misère du groupe est la conséquence d'un manque de management de la part du chef, c'est comme pour dire qu'il n'existe pas de mauvaise troupe, mais il n'existe que des mauvais chefs.

Malheureusement les dirigeants de nos pays dit en développement quoique défaillant, ont difficile à démissionner, cela nonobstant les critiques ou les dénonciations faites à leur sujet au niveau de la presse.

Cela nous donne l'impression d'avoir à faire à des dirigeants qui se comportent comme des Tout-puissants, sans scrupules, dépourvus de civilités, sans état d'âmes et ne véhiculant aucune valeur morale.

Selon Hans Jonas (5) :

La condition de la responsabilité est le pouvoir causal de l'acteur qui doit répondre de son acte: Il est tenu pour responsable de ses conséquences et le cas échéant on lui en fait porter la responsabilité.

Cela a d'abord une signification juridique et non à proprement parler une signification morale.

Le dommage commis doit être réparé, même si la cause n'était pas un méfait, même si la conséquence n'était ni prévue, ni voulue.
Il suffit que j'aie été la cause active.

C'est au regard de ces attitudes que les sociétés occidentales ont procédées aux renforcements des structures syndicales, qui constituent un contrepoids face aux abus du patronat et des gouvernants.

Les syndicats sont donc dotés des atouts juridico-financiers capables de faire face aux injustices et aux inégalités sociales.

Ils fonctionnent de ce fait en toute indépendance et constituent un catalyseur entre l'employeur et l'employé.

Absence d'audit :

A l'instar de la responsabilité, l'absence de l'audit est aussi une des raisons de la mauvaise gouvernance.

Selon Wikipédia, l'audit est une expertise professionnelle effectuée par un agent compétent et impartial aboutissant à un jugement par rapport à une norme sur les états financiers, les contrôles internes, l'organisation, la procédure ou une opération quelconque d'une entité.

Nous pouvons dire que l'audit est un processus d'analyse de l'entreprise, de ses finances ou de son fonctionnement, mené par un prestataire indépendant.

En parlant de l'audit nous sous entendons certes un contrôle interne mais qui cependant est défini différemment selon qu'il s'agisse de la conception anglaise ou de la conception américaine.

Selon l'institut anglais des experts comptables, cité par Monsieur Bouras Boukhalfa, le contrôle interne comprend un ensemble de système, de contrôles financiers et autres mis en place par la direction, afin de pouvoir diriger les affaires d'une société de façon ordonnée, de sauvegarder ses biens et d'assurer autant que possible la sincérité et la fiabilité des informations enregistrées.

Font partie des systèmes de contrôle interne : les activités de vérifications, de pointages et d'audit interne.

Selon American Institut of Certified Public Accountant :

Le contrôle interne est formé de plan d'organisation et de toutes les méthodes et procédures adoptées à l'intérieur d'une entreprise pour protéger ses actifs, contrôler l'exactitude des informations fournies par la comptabilité, accroitre le rendement et assurer l'application des instructions de la direction. En ce qui nous concerne lorsque l'on parle de l'audit on sous-entend une enquête interinstitutionnelle visant à établir les responsabilités par rapport aux dégâts ou aux abus qui sont commis dans la gestion de la chose publique.

Il en ressort à ce niveau deux types de phénomènes qui sont les plus courant dans nos pays dit en développement :

Il s'agit de l'abus des biens sociaux et de spoliation des biens publics (détournement).

Très souvent les personnes ayant une parcelle d'autorité n'arrivent pas à apprécier leurs limites dans la gestion de la chose publique.

En effet leur pouvoir d'ordonnancement les pousse à converger toutes les actions publiques dans le sens des intérêts de leurs proches ou de leurs intérêts personnels.

Si bien que la plupart du temps, ils deviennent aveugle et sourds face à la situation que traverse leur population et face à la misère qui les entoure.

C'est vrai que les dirigeants ont droit à un certain train de vie en rapport avec le service qu'ils rendent à la nation, mais cela ne veut pas pour autant dire qu'ils doivent s'approprier tous les biens qu'ils gèrent (immobiliers, charroi…) à leur propre solde.

C'est pour cela dans le souci de stabiliser ou de renforcer les ressources nationales, en vue d'une répartition équitable au sein de la communauté ; Un audit social parait être nécessaire.

Elle consistera à une vérification, une évaluation de l'existence d'un écart entre la situation actuelle de l'entreprise, des décisions et des dispositions préétablies.

L'audit est ainsi, un outil à même d'aider le pouvoir décisionnel de l'entreprise en fournissant des constats, des analyses objectives, des recommandations et des commentaires utiles, En faisant apparaître des risques de différentes natures telles que le non-respect des textes.

L'audit peut être demandé à titre préventif (pour apprécier, évaluer une situation à un moment donné) ou à titre lucratif (pour remédier à une situation qui se détériore) et si nous devons nous en tenir à cet aspect de détérioration dans nos pays dit en développement nous voyons que c'est au haut sommet de l'Etat que cela tire son origine.

Considérons par exemple la fonction d'un ministre qui en définition vient du mot « mission » c.-à-d. quelqu'un qui est appelé à exercer un mandat public, au-delà de cela à engager son pays vis-à-vis des tierces.

Curieusement dans nos pays dits en développement, nous voyons que les personnes en charge des fonctions ministérielles ont tendance à engager leur pays dans des contrats léonins, qui pour la plupart du temps ont pour conséquence la perte des capitaux au niveau de l'Etat (privatisation du secteur public).

Tout ceci dans le but de remplir leur compte avec des commissions issues de ces transactions, soit d'acquérir de manière indirecte les biens de l'Etat par l'entremise de la conclusion de marché de gré à gré ou de la vente aux enchères des patrimoines de l'Etat à leurs proches avec possibilité de récupérer des dividendes qui leur seront rétrocédés par ces derniers.

Ils estiment qu'avec la durée de leur mandat quasi expéditif, ils ne pourront faire l'objet d'aucune poursuite judiciaire quand bien même ils auraient commis ces forfaits.

Le manque d'audit serait donc à la base du chaos de la plupart de nos pays dit en développement où l'on retrouve les mêmes mandataires ayant été auteur de mauvaise gestion, être permuté au sein des institutions de la République.

Une vraie machination qui constitue pour eux une protection, un parapluie sous lequel ils viennent s'abriter au nom de l'immunité, par peur d'être poursuivi ou sanctionné.

Il nous revient donc de promouvoir une nation dans laquelle nous prônons à la fois la justice, le mérite, mais aussi la correction.

Bref, si nous voulons aujourd'hui relever nos pays, il est impérieux de pouvoir fouiner dans les annales du pays pour découvrir tous les cas de mauvaise gestion flagrante qui sont à la base du chaos actuel des pays dits en développement (Afrique subsaharienne).

Il s'agit en quelque sorte de faire un diagnostic profond, en vue de rétablir une nation juste et prospère, où existeront des institutions fortes au lieu des hommes forts (citation Barak Obama).

Chapitre IV

CONSIDERATION SOCIALE DU GESTIONNAIRE

A. Inversion du système de valeurs :

Toute organisation ou structure qui veut se pérenniser ne repose pas sur les hommes, mais au contraire sur des valeurs, qui du reste sont censées imprimer une marque, une image de celle-ci et qui peuvent garantir sa stabilité ; car dit-on les hommes passent, mais les institutions demeurent.

Cela va de soi, de la nécessité de la mise sur pied des lois organiques régissant la structure.

Il parait donc maladroit de prétendre promulguer des lois et des règles personnalisées ou taillées sur mesure puisque voulant satisfaire l'appétit d'un groupe d'individu ou des siens.

Pour la plupart des temps, les organisations qui sont tombées dans cette pratique, se sont vues écroulées après la mort de la personne qui les incarnait ou qui était censé être le leader ou le visionnaire et sur qui reposait la référence de la structure.

A ce moment, nous pouvons dire qu'il y a eu inversion des valeurs, parce que ne reposant pas sur la vision de l'organisation et aux attentes de la population.

Pour ce qui est de la gestion de la chose publique, il s'avère que tout gouvernement ou toute organisation qui a la charge de la gestion de la chose publique, et les biens de l'Etat, puisse évoluer dans un cadre ou au sein d'un système incarnant certaines valeurs.

Cependant dans la plupart des pays en développement, nous voyons que les valeurs qui entourent l'élite sociale ne sont pas de nature à favoriser l'épanouissement de la société, mais au contraire à les faire stagner, bref ce sont des antivaleurs.

En effet, les clivages ethniques, tribales, régionales voire confessionnelles, présents dans nos pays en développement, constituent malheureusement le socle ou la base de la structure sociétale et prennent une position prédominante ;

Par contre les valeurs liées à la compétence, à la clairvoyance ainsi qu'à l'objectivité sont reléguées au second plan.

Si bien que par instinct de sécurité on préfère travailler avec quelqu'un de sa tribu, incompétent soit-il, mais qui peut être malléable et à même de cautionner tous les abus qui se commettent dans la gestion de la chose publique.

C'est donc là comme une espèce de prise en otage de la structure ou de l'appareil de l'Etat devant servir à la solde d'un groupe d'individus.

Cependant, comme c'est généralement au niveau de la classe dirigeante qu'un tel système est entretenu (la présidence, le parlement), celui qui veut être tranquille et garder son fauteuil, n'a que faire, sinon se taire et se servir lui aussi dans le système.

L'organisation diabolique qui y est mise en place à l'intérieur, fait en sorte que les institutions de l'Etat deviennent comme un gâteau que l'on doit se partager par un petit groupe de personnes au détriment de l'intérêt général.

D'où la tolérance aveugle, l'impunité et le recel même au niveau des personnes qui sont censées interpeler les mandataires publics.

Entretemps, la population assistant impuissante, réalise finalement qu'il y a un groupe de personnes qui ont le droit de tout faire, c'est-à-dire, tout à dire et un groupe qui n'a rien à dire ; un groupe à qui la justice réserve un traitement de faveur et un autre qui est censé répondre de ses actes devant la justice (justice à double vitesse) ; d'où la tendance pour la nouvelle génération (la jeunesse) à vouloir absolument rejoindre ce groupe (parti politique, ONG…) pour pouvoir eux aussi bénéficier de ces privilèges, voire d'une certaine immunité.

Qualifié ou pas, formé ou pas, compétent ou incompétent ; ces jeunes savent que le fait d'appartenir à une corporation ou à un parti politique est suffisant pour pouvoir assumer des responsabilités ou briguer des postes à responsabilité.

Cette tendance au protectionnisme d'état **a** fait que petit à petit, l'on a commencé à perdre le sens de l'élitisme, ce qui a eu pour conséquence le manque d'émulation ou de compétitivité ; D'où la tendance à la loi du moindre effort, qui fait que tout le monde veut gagner sa vie sans toutefois mettre suffisamment du sien.

Cependant à la place d'éduquer la population pour la ramener aux vraies valeurs, on recourt au contraire au populisme politique à la quête des militants, recrute des jeunes ivres, débauchés capable de les suivre et de les soutenir aveuglément, sans toutefois maîtriser le pourquoi de la cause qu'ils défendent.

Malheureusement pour nos pays en développement les victimes de ce mode de fonctionnement se retrouvent au sein de la population active, qui du reste sont mal informées et parfois même sous qualifiées.

Le danger dans tout cela est qu'aussi longtemps que personne ne se lèvera pour décrier cette attitude irresponsable du pouvoir public, de ne pas assurer l'encadrement adéquat de la jeunesse, les gens s'habitueront de plus en plus à ce mode de vie et commenceront à accepter, à tolérer et à intégrer ces antivaleurs dans nos us et coutumes.

Alors que cette façon de faire est suicidaire, parce que constituant une bombe à retardement d'une génération qui habituée à la débauche, au plaisir, à la vie facile, ne pouvant jamais demain apporter une valeur ajoutée à la société.

Pour cette génération montante des pays en développement, les métiers de troisième rang (comme la maçonnerie, la plomberie, la menuiserie, la mécanique, la couture etc…) sont réservés au petit peuple de basse classe ; si bien que ceux qui les font, ce n'est pas par vocation pour y faire carrière, mais c'est pour un dépannage, le temps de trouver mieux au sein de l'administration ou de cabinet politique.

Ceci, pouvant s'expliquer si l'on jette le regard, sur la façon dont les jeunes font leur choix en matière d'orientation scolaire et professionnelle (OSP).

Dans nos pays en développent on étudie plus pour le diplôme, que pour une qualification professionnelle.

Nous voulons dire par là, qu'on étudie pour son propre honneur et non pour les besoins de la société.

Il y a donc une affluence vers les disciplines procurant beaucoup de prestige au sein de la société (droit, économie, polytechnique, médecine etc..) que d'autres qui sont quasi inconnues contrairement aux pays développés.

Ceux-ci regorgent au sein de leurs populations tous les métiers nécessaires pour la reconstruction de l'infrastructure nationale et sociale, métiers encadrés et défendus par les corporations et les syndicats à même d'assurer l'équilibre socio-économique de leurs citoyens.

La conséquence de cette inversion de valeurs dans les pays en développement fait qu'il y a de moins en moins un développement des petites et moyennes entreprises et de l'artisanat, qui du reste serait à la base de la constitution d'une classe moyenne au sein de la société.

Il en ressort un clivage entre la classe dirigeante et la basse classe, puisqu'au milieu il y a un vide. Ainsi, tout ce que nous étions sensé produire sur place comme produits de première nécessité :

Gilette, clous, boutons... On est obligé de les importer de l'extérieur, ce qui exige à nos états de pouvoir se doter de suffisamment de devises pour y faire face.

« Un africain par exemple se proposerait de mettre un habit prêt-à-porter, parce qu'on a sorti de sa tête le fait qu'un habit soit cousu avant de devenir prêt-à-porter ».

Nous pouvons dire à ce niveau que nos pays en développement n'existent pas sur la chaine de production encore moins sur le marché boursier, puisqu'ils se comportent comme de vrais consommateurs qui ne savent rien transformer et qui n'attendent que des produits finis venant de quelque part.

Par exemple : Stylo, fleurs, gaufre etc...
Il est donc important, pour nos pays en développement de penser à la mise sur pied d'un

plan de développement classique partant du primaire, secondaire et tertiaire, au lieu de pratiquer la politique de la pyramide renversée comme pour imiter l'occident. Pourtant, celui-ci à procéder quant à lui à un modèle de développement échelonné tout en respectant les étapes requises pour un développement solide.

B. Le gestionnaire tel que vu par l'Etat

Un gestionnaire de l'Etat, est un mandataire délégué par l'Etat en vue de gérer la chose publique, ou encore un mandataire choisi qui représente le peuple auprès de l'Etat pour la gestion de la chose publique.

A ce niveau, le mandataire est donc soumis à des obligations et à des responsabilités qu'il doit assumer vis-à-vis de l'Etat en tant qu'institution, et vis-à-vis de la population ou de la société qui l'a portée à cette responsabilité.

D'un côté l'Etat attend de lui qu'il puisse donner le meilleur de lui-même en vue d'assurer la prospérité de l'entreprise et la croissance des ressources de l'Etat, de l'autre côté qu'il assure le bien-être des travailleurs ainsi que de leurs familles à travers de l'accroissement du PIB.

Tout ceci ne serait réalisable que dans la mesure où le concerné aurait une vision claire de la façon dont il est censé manager l'institution qu'il dirige, en mettant sur pied des voies et moyens pouvant lui permettre d'atteindre les objectifs assignés à l'institution.

Sur ce volet, nous voulons faire comprendre au gestionnaire public, que la gestion de la chose publique ou d'une institution étatique est comparable à un héritage familial pour lequel un des enfants principalement l'ainé est considéré comme le liquidateur des biens communs.

Il y a donc sur ce point de vue une attente de la part des gouvernés, qui se considèrent aussi comme faisant partie de l'héritage.

Il est donc pour cela hors de question que ces biens soient gérés de manière opaque, en ignorant les avis des uns et des autres.

Penser autrement deviendrait une source de tension, de méfiance, et de rupture dans la relation des uns vis-à-vis des autres.

Ceci malheureusement en découle lorsqu'on s'engage dans l'optique d'une gestion égocentrique et unilatérale de la chose publique.

Beaucoup de mandataires publics dans nos pays en développement tombent souvent dans ce piège puisqu'entrainés par des valeurs contraires tel que le clientélisme, le népotisme, l'impunité…

Ils se comportent ainsi comme des supers puissants, pensant n'avoir de comptes à rendre à personne, surtout pas au petit peuple, du moment qu'ils sont assurés de la protection du clan ou du grand chef.

Ainsi les nations qui se sont inscrits dans cette logique se mettent en porte à faux avec leurs populations surtout quand la mauvaise gestion a atteint son paroxysme ; touchant les secteurs les plus vitaux de la société, à l'exemple de la santé publique ou la gestion des centres médico sanitaire ou de l'industrie pharmaceutique pour lesquels, une simple négligence peut causer le décès d'un grand nombre au sein de la population, telle que nous l' avions vécu avec la gestion de la pandémie du coronavirus.

Nous voyons à propos de cette crise que même les pays dit développés ont été pris de cours par la propagation de la pandémie au point de se retrouver dans une insuffisance infrastructurelle (pas assez de respirateurs, manque de masques, hésitation sur le traitement approprié…). Une situation décriée par la plupart des populations, qui au fil du temps ont découvert l'incapacité et la négligence de certain gouvernant quand il s'agit de l'intérêt général.

Dans les pays en développement, les défaillances paraissent de plus en plus criantes puisqu'incapable d'offrir aux populations de l'eau potable en permanence, et de distribuer l'électricité à toute la population.

Comment pouvons-nous penser relancer nos pays, si l'on est jusqu'au aujourd'hui dans l'incapacité de satisfaire aux besoins les plus élémentaires ?

C'est comme ça que les efforts de développement fournis dans nos pays en développement ne donnent pas de résultats probants puisque n'obéissant en rien à la logique du développement classique.

Car dit-on : « mieux vaut prendre un taureau par les cornes que de la prendre par la queue ».

Notre gestionnaire est donc appelé à prendre conscience des actions ou de l'approche de sa gestion sur la société en générale et sur son entreprise en particulier.

Sachant que l'incompétence ou la négligence d'un gestionnaire peut causer d'énorme dégâts sur les employés, ce qui aura pour conséquence un désintéressement pour ces derniers à donner le meilleur d'eux même, car ne trouvant pas leur compte au sein de l'entreprise.

D'où la nécessité d'une bonne culture d'entreprise définissant clairement les règles du jeu.

Selon Expresso Job (Québec), la majorité des gestionnaires toxiques ignorent ce qu'ils font, nient l'impact qu'ont leur gestion sur les employés. Malgré cela vous devez être capable de les détecter et de réagir sans état d'âme au risque de voir votre entreprise détruite.

Dans la plupart des cas, les gestionnaires toxiques : manquent de compassion, n'aident pas le personnel à s'améliorer et blâment très facilement. Ils n'ont jamais tort, n'écoutent jamais les idées d'autrui et ont des comportements antisociaux, alors que sur le plan pratique, les sociétés même les plus capitalisées sont passées de la gestion du personnel à la gestion des ressources humaines.

Une façon de dire que la relation entre l'employeur et l'employé ne se limite pas seulement à un simple échange (service-argent), mais beaucoup plus sur le rendement que l'employé doit donner à l'entreprise, ce dernier étant l'émanation du climat socio familial dans lequel il évolue.

Le manager doit donc se comporter plus en bon père de famille qui veillant sur le bien-être de son personnel, (nous entendons par là, la santé physique et la santé mentale).

D'où le rebondissement de la notion de culture d'entreprise dans ce cadre, le personnel est fixé sur ce que l'entreprise attend de lui, quel que soit son rang au sein de l'organisation.

Il s'avère que dans certaines sociétés comme les nôtres (pays en développement) un travailleur peut s'absenter ou être déconcentré pour raison de deuil d'un membre de famille au deuxième degré. Il peut s'absenter à cause d'une grande pluie, ou parce qu'il sent un petit malaise, sans se rendre compte des conséquences que son absence peut causer sur la chaine de production ou la rentabilité de l'entreprise.

C'est pour cela qu'il est important d'initier une gestion participative où tout le monde se sent dans l'obligation d'apporter sa pierre à l'édifice.

A ce niveau, bien que la responsabilité semble être collective, le mérite revient toujours en premier lieu au gestionnaire principal qui aura réussi à créer cette synergie, puisqu'ayant intégré les valeurs socioculturelles dans sa gestion.

Cependant à des degrés différents, on fait parfois recours à des fiches d'appréciation qui se font par échelon jusqu'au haut sommet de l'Etat.
Une façon de juger le gestionnaire, son bilan dans la gestion de la chose publique.

Il y a même des instituts de sondage qui vont jusqu'à évaluer la cote de popularité des dirigeant par rapport à leurs actions, ce qui leur vaudra soit un mérite, soit une sanction.

C. Le gestionnaire tel que vu par la population.

La problématique de la perception des gestionnaires (acteurs politiques) est aussi délicate que la mission même qu'ils sont censés accomplir.

D'un point de vue sociologique, un gestionnaire (mandataire public) est considéré comme une élite, une personne dotée de capacités exceptionnelles dont la société a besoin.

Il est de ce fait un modèle, une référence pour sa génération et pour les générations montantes, si bien que de telles personnalités paraissent être mythiques, parce que les peuples fondent leurs espoirs en eux, voyant s'incarner en eux une idéologie, une vision et des valeurs, qui du reste définissent l'identité sociale d'une communauté, d'un Etat.

Cependant au fil des années, nous remarquons que ce manteau mythique commence petit à petit à se déchirer suite aux dérives que prennent nos sociétés actuelles et au travers de celles-ci celles de nos dirigeants.

Dans les années qui ont précédées la mondialisation, les peuples s'occupaient moins de la politique et encore moins de ses dirigeants (leur personnalité, mode de gestion), du moment que ces derniers s'étaient fixés des balises, des lignes infranchissables.

Mais s'étant rendu compte au fil du temps qu'ils possédaient tous les pouvoirs sur les affaires de l'Etat et sur la population et étant donné leur invulnérabilité, ils se sont plongés dans un mode de gestion opaque, égoïste et inhumain, qui ne reflétait en rien la perception que les gouvernés avaient d'eux et qui ne répondait pas aux attentes de la population.

A la place d'organiser le service public de l'Etat, ils sont tombés dans l'enrichissement illicite, dépassant les limites du supportable puisqu'ayant créé un véritable clivage entre la classe dirigeante et les gouvernés.

À chaque fois qu'ils se sentent menacé ou qu'il y a une réclamation, la méthode utilisée par ces dirigeants est plus compensatoire que la recherche d'une solution durable.

Ceci se justifie par des dons ponctuels à un groupe de personne dans une situation déterminée. Donnant l'impression d'une assistance des personnes de bonne foi envers les démunis, pourtant c'est pour eux une façon de maintenir le statu quo du niveau de vie de la population, qui se comporte comme des enfants attendant le secours du Père Noel ; au lieu d'organiser la société en instituant une échelle de valeur, permettant à chaque citoyen de se retrouver dans son activité ; pour que le rôle de l'Etat, reste seulement celui de donner l'impulsion à la population active.

Un proverbe chinois ne dit-il pas « quand un homme a faim, il vaut mieux lui apprendre à pêcher que de lui donner du poisson ».

Cette façon de gérer, a de plus en plus altéré l'image du gouvernant, dans ce sens que la population ne trouve plus son compte dans la répartition du revenu national brut ; qui du reste est un élément essentiel pour la garantie de la paix sociale.

Ce peuple ainsi meurtri, affamé et réduit, voit dans le chef de l'autorité, la base de leur souffrance et en conséquence développent un sentiment de rejet ou d'aversion vis-à-vis de l'autorité.

Il se voit de ce fait abusé et réduit dans sa plus simple expression, car impuissant et incapable de faire face au coût de la vie et aux défis du quotidien.

Face à cette situation, à la place de chercher comment remédier à ce vide d'assistance, ou comment réorganiser la distribution du revenu national, les mandataires de la République au contraire, cherchent à mettre sur pied des mécanismes de protection et de défense de leurs richesses.

Entretemps le peuple se voit perdre son pouvoir d'achat et sa situation sociale se détériorer de plus en plus au vu et au su de l'autorité qui lui est censé assurer le bien-être commun.

Cette attitude contradictoire n'a fait que confirmer la thèse selon laquelle actuellement dans les pays en développement, occuper un poste à responsabilité est synonyme d'enrichissement.

Le gestionnaire est donc celui qui détient le pouvoir absolu, qui se rend maître de la chose publique et de la jouissance des biens publics à sa guise.

Il en ressort un sentiment généralisé d'injustice collective, d'incompétence notoire, d'immoralité prouvée, d'une *bourgeoisie comprador*. Face une population paupérisée, affaiblie et immunisée par la souffrance au quotidien.

Ce qui porte à conclure de l'inexistence d'une classe moyenne au sein de nos sociétés, puisque les tenants du pouvoir détiennent les trois quarts de la richesse nationale.

La réduction de cet écart ne pourrait être possible que si l'on procédait à la mise sur pied des nouvelles règles de vie, ou de projet de société plus ou moins humanistes.

Autrement nous continuerons à exceller dans un jeu de rôle de bonnet blanc, blanc bonnet au sein des institutions, qui ne reflètera nullement la méritocratie.

Il est donc temps pour nos pays en développement de penser autrement, c'est à dire, à d'autres méthodes de gouvernance, cela par la mise en œuvre des approches plus ou moins participatives, qui visent la création des richesses et de la répartition équitable du produit national bruit.

Ceci devra passer à la fois par une campagne de conscientisation visant à mettre tout le monde au travail et au reclassement des secteurs d'activité partant du primaire au tertiaire, en y disposant des moyens suffisants pour sa matérialisation par l'Etat. Mais aussi par la restructuration des régies financières sous la responsabilité des personnes assermentées, bénéficiant de certains avantages sociaux et d'un contrôle quotidien.

C'est seulement de cette manière que nous pourrons parvenir à réduire cet écart de train de vie entre les gouvernants et les gouvernés, mais aussi changer complètement l'image ternie qu'on se faisait autrefois du mandataire public, le considérant comme un bourreau pour sa population.

D. La culture de classe dirigeante.

En définition, une culture est un ensemble de valeurs qui définissent l'authenticité d'une société quelconque. Nous pouvons dire qu'elle définît le mode de pensée, la perception, bref le mode vie d'une communauté.

Selon le sociologue Québécois Guy Rocher, la culture est définie comme un ensemble lié de manières de pensée, de sentir et d'agir plus ou moins formalisées. Qui, étant apprise, et partagées par une pluralité de personnes, servent d'une manière à la fois objective et symbolique, à constituer ces personnes en une collectivité particulière et distincte ».

Pour la plupart du temps la culture peut être exprimée par des symboles externes tels l'habillement, la dance, la peinture, la musique, la pudeur…

Elle peut être aussi déterminée par la hiérarchisation sociale et la valeur que l'on accorde aux tenants du pouvoir ; ce qui fait que l'on peut retrouver avec des empires, des royaumes, des principautés et des Républiques.

De ce point de vue, chaque société selon le mode de gouvernance qu'il a choisi, définit la manière dont le pouvoir peut être exercé au sein de l'entité gouvernée.

Cependant au-delà des principes de gouvernance, il se dégage aussi les titres d'honneur qu'on attribue à ceux qui sont détenteurs du pouvoir.

Ce n'est donc pas par un fait du hasard ou par opportunisme que l'on peut prétendre être à la charge des choses de l'Etat, mais au contraire c'est une tâche qui nécessite une vocation pour laquelle une initiation préalable est presque requise.

Y'accéder de manière accidentelle peut provoquer beaucoup de dégâts dans la gestion de la chose publique, si l'on n'exerce pas son devoir et ses obligations vis-à-vis de la population.

Ainsi les appellations et la révérence qui en résulte font l'objet d'un certain nombre de valeurs inhérentes à la société qui établit.

On notera que le fait d'être appelé « sa majesté » par exemple, est l'octroi d'un certain rang, un rappel de la personne à une certaine dignité qu'il est censé refléter vis-à-vis du public.
Donc s'attribuer ce rang, vous oblige ou vous soumet à une discipline de sorte que vous devez absolument faire preuve du mérite susceptible de vous attirer le respect de tout le monde.

C'est comme ça que nous nous retrouvons avec des royaumes et des républiques possédant des traditions inaliénables, car véhiculant certaines valeurs qui sont devenues presque universelles au sein de leur société.

Ces traditions deviennent pour la plupart des dynasties royales comme des étiquettes auxquelles personnes ne peut déroger au risque d'être accusé de crime de lèse-majesté.

Puisque nous parlons des pays en développement qui fonctionnent comme des républiques, venons-en au système de valeurs républicaines et aux reflets de celles-ci au sein de la classe dirigeante.

Dans nos républiques, la plupart des dirigeants évoluent en solitaire parce qu'ils n'ont pas l'impression de représenter un groupe social, un groupe linguistique ou encore un parti politique, pour lequel ils sont censés défendre les valeurs dans l'exercice de leur fonction.

Ce qui fait qu'en cas de comportements ou d'attitudes compromettant, ils sont dans l'incapacité de démissionner, car ne redoutant aucuns regards des personnes qu'ils représentent.

Il y a comme une sorte de clivage entre l'administrateur et les administrés, puisque ne s'identifiant pas à ces derniers par rapport au mandat exercé.

Ainsi tournés vers leurs propres intérêts égoïstes, ils oublient les conséquences que leurs actes peuvent avoir sur l'image du Pays en général et sur leur crédibilité en particulier.

Ceux qui pour la plupart des cas aiment être appelés honorable, excellence, dignitaire, ne sont parfois pas capable de défendre leurs couleurs.

Nous devons savoir que dans tous ces cas de figures, il existe une casquette ou une image collée à la personne et qui reste mythique pour le monde extérieur ; d'où la nécessité de préserver l'image ou la perception que le monde se fait de l'autorité.

a) Qui est donc honorable ? selon FSMA :

L'honorabilité professionnelle a trait à l'honnêteté et à l'intégrité d'une personne.

Une personne n'est considérée professionnellement honorable lorsqu'il n'existe pas d'éléments indiquant le contraire et qu'il n'y a pas non plus de raisons de mettre raisonnablement en doute sa bonne réputation.

Il ne s'agit pas d'une condition formelle se résumant à une absence de condamnation à des sanctions pénales ou administratives.

L'honorabilité implique une éthique professionnelle irréprochable de la personne.

Cependant on peut évaluer l'honorabilité d'une personne en fonction de certains agissements et comportements appliqués à son chef.

Il s'agit alors d'apprécier si le comportement ou l'attitude qu'il affiche est digne de son rang, nous entendons par là, son expression, son apparence extérieure (habillement), son langage, son expression gestuelle ; des signes qui sont déterminants pour les personnes extérieures qui le regardent et qui ont une certaine image de ce que doit être la personne, en fonction du rang qu'il occupe ; d'où parfois la nécessité d'un « dressage » ou d'une discipline coercitive.

Il nous revient alors de se poser la question de savoir si les personnes telles que les parlementaires qui se font appeler honorables, le méritent vraiment ?

Est-ce que la façon dont sont traitées les affaires de nos républiques leur confèrent le privilège d'être considéré à ce rang ?

Autrement, cela ne servirait à rien de chercher à s'attribuer les honneurs si l'on est incapable de défendre valablement le rang ou le respect que l'on exige de la part de la société.

b) Qui est donc excellence ?

La notion d'excellence autant que celle d'honorabilité est l'expression d'une fierté par rapport à son élite et à une certaine distinction dans sa contribution au sein de la communauté.

Selon le dictionnaire français, l'excellence est le degré de perfection d'une chose (excellence d'un repas), de quelqu'un, (une personne dont on connaît l'exercice).

Elle est donc synonyme de perfection, de bonté, de sainteté, de supériorité etc.

Elle est de ce fait un titre honorifique que l'on doit aux ministres, aux ambassadeurs, aux évêques, aux archevêques etc.

Ce qui revient à dire que l'excellence est le fruit du mérite par rapport à l'influence positive qu'une personne exerce sur sa communauté et l'image qu'il s'est créé autour de sa personne. Sur ce point de vue, l'excellence se veut être un total respect que l'on doit à une personnalité publique.

Nous savons par ailleurs que, pour prétendre jouir d'un respect public il va falloir remplir certains critères qui témoignent de votre intégrité, de votre loyauté, de votre sérieux et de votre considération personnelle du rang que vous occupez au sein de votre société, du rôle que vous y jouez et du service que vous êtes censé rendre.

C'est donc de manière abusive que certaine personne cherche à s'attribuer ce qualificatif, puisqu'il se dégage parfois une incompatibilité entre la personne ayant le titre d'excellence et le comportement qu'il affiche au sein de la société.

C'est curieux de remarquer que dans la plupart de nos pays en développement, un déficit d'émancipation dans le chef des personnes occupant des hautes fonctions, ils manifestent et affichent des comportements régressifs apparentés à la recherche de l'agréable, à la place de l'utile.

Que dirons-nous donc d'un haut responsable qui va se poster devant le Lycée pour faire la cour à des jeunes filles de l'âge de ses enfants?

Que dirons-nous donc d'un responsable qui est tout le temps dans les discothèques offrant à boire à toute l'assistance et s'exhibant sans retenue ?

Bref, il nous revient à dire que l'excellence n'est pas simplement un titre, mais un état d'esprit de la personne qui prend conscience de son rang social et de la manière dont il est perçu par son entourage.

Ainsi il doit faire preuve d'une certaine piété dans son langage, dans son habillement, dans ses actes etc. En somme, être de bonne moralité.

C'est pourquoi, dans nos pays en développement, il est impératif de procéder à une enquête de loyauté avant de soumettre quelconque responsabilités aux personnes désignées.

Cela va de soi si nous considérons les méthodes utilisées dans de grandes organisations telles que l'Eglise catholique, qui avant d'élever une personne à de hautes responsabilités (ex : le pape), procède d'abord un examen approfondi de son *backgrounds* (cursus, cv, témoignages) pour voir si sa nomination ne fera pas l'objet de controverses.

Parce que au-delà de son casier judiciaire, une personne appelée à assumer des hautes fonctions doit aussi faire preuve de bonne moralité.

Il faudrait donc que ses collègues ou les personnes qui l'ont côtoyé rendent un bon témoignage de lui.

Autrement, nous courrons toujours le risque de pouvoir bâtir une société désarticulée, regorgeant dans son sein des personnes irresponsables, sans pudeur, sans échelle de valeur, avec une moralité au plancher tirant ainsi le pays vers bas au lieu de contribuer à son essor.

c) Qui est donc dignitaire ?

Nous considérons comme dignitaire celui qui travaille pour la mise en valeur de sa fonction ; celui qui se bat pour redorer une image positive dans ce qu'il fait et dont la prestation bénéficie de l'approbation de tous.

Selon le dictionnaire Wikipédia, un dignitaire est celui qui est revêtu d'une dignité, personne qui a reçu une charge, une fonction ou un titre qui lui confère le respect ou la considération ainsi qu'un rang d'importance dans la société, que cela soit à travers l'état, l'église ou l'armée.

Au regard de toutes ces définitions, il se dégage le fait que lorsqu'une personne est élevée en dignité quel qu'en soit le domaine, il devient une référence pour la société parce que, celle-ci lui réserve une considération liée à l'importance de sa contribution au sein de la société dans laquelle il évolue.

Cependant, cette dignité ne peut pas être totalement assumée si elle n'est pas la résultante d'une vocation.

Ainsi même dans la Bible principalement dans l'épitre de Paul aux Hébreux 5 : 4 :

Il est dit que « personne ne peut s'attribuer le titre de sacrificateur ou s'attribuer cette dignité s'il n'est pas appelé de Dieu ».

Sachant tout d'abord que tout celui qui veut se porter candidat à la sacrificatoire, doit le faire par vocation parce qu'il existe des principes, des règles et des valeurs auxquels il sera appelé à s'incliner.

C'est pour cette raison que la plupart des dignitaires religieux sont tenus d'observer une certaine discipline pour éviter de ternir l'image de la fonction ou de désacraliser carrément le sacerdoce.

Puisque notre regard est penché sur la gestion de la chose publique, il revient de signaler que, nous considérons comme dignitaires de la république, des personnes qui ont impacté la vie publique de la nation. Dans un domaine déterminé, ou carrément ceux qui y ont laissé des empreintes pendant qu'ils exerçaient leurs fonctions.

Etant donné que ces dignitaires sont répartis selon les corporations (professeur d'université, médecins, juges, administrateurs d'entreprise), il est difficile d'en définir les critères.

Cependant, nous devons savoir que même au sein des corporations, il existe des lois organiques (règlement d'ordre intérieur, code de bonne conduite) qui définissent les règles de fonctionnement des institutions publiques.

Mais hélas, que remarquons nous dans les pays en développement ?

Généralement, ceux que l'on appelle « dignitaire », affichent des comportements indignes qui ne reflètent en rien leur rang au sein de la société, ce qui a pour conséquence, la désacralisation des certaines fonctions dans l'appareil de l'Etat qui autrefois paraissaient mythiques pour la société et aux yeux de la population.

Si par exemple aujourd'hui un professeur d'université (dignitaire) doit se réduire à entretenir de relations intimes avec des étudiantes pour leur octroyer des points, alors où est passé l'élitisme, où est passé la méritocratie ?

Si un homme politique ou un pasteur peut exhiber sa nudité sur les réseaux sociaux, alors où est passé la pudeur où est passé le sacrement ?

Si un administrateur de société doit absolument obliger ses collaboratrices à devenir ses maitresses (harcèlement sexuel), pour leur assurer le poste; alors où est passé la compétence, où est passé le sens du devoir ?

Si un juge est victime du trafic d'influence et accepte des pots de vin pour prononcer un jugement ; alors où est passé la conscience professionnelle, où est passé la confiance ?

Si un responsable politique peut spolier les biens publics et détourner l'argent de l'Etat sans état d'âme ; alors où est passé la sanction et où est passée la justice sociale ?

La situation devient de plus en plus délicate dans nos pays dit émergent, quand ce genre d'attitude ou de comportement sont soutenus par l'impunité, le népotisme, le protectionnisme d'un système qui se veut être démocratique.

C'est comme ça que dans les pays à tradition musulmane quoiqu'il y ait séparation des pouvoirs, il est établi des règles sévères et strictes de gouvernance, puisque fonctionnant sous le regard d'une certaine morale religieuse (coranique). C'est ainsi que l'unique façon pour nous de garantir la dignité de nos dirigeants et au travers de ceux-ci de nos communautés, c'est de choisir un mode de gouvernance garantie par des valeurs tant intellectuelles, humanitaires, sociales que morales et faire en sorte que ces choix et ces modèles soient inaliénables à tous les niveaux du tissu social, en y redoublant la vigilance et en y réservant des sanctions.

Au-delà de cela, penser à un système de mérite, de décoration pour encourager les personnes qui excellent dans un domaine quelconque, ou qui font preuve de bravoure dans la défense des intérêts la nation, ou encore qui font preuve de patriotisme dans la prise de décision, impliquant l'intérêt national dans l'exercice de leurs fonctions.

Pourquoi ne pas honorer et couronner les personnes qui construiraient un chef d'œuvre qui resteront comme des monuments pour les générations futures ? Voilà à quoi doit aspirer les futures nations que nous attendons !

E. La compétence et la méritocratie.

En abordant cette partie nous voulons mettre une lumière sur la notion liée à la compétence. Il sied de noter que la compétence n'est pas équivalente à la connaissance malgré que les deux concepts marchent de paire.

Être compétent, c'est posséder les bonnes connaissances mais c'est aussi et surtout adopter les bonnes attitudes et mettre en pratique les bonnes aptitudes selon les situations.

Cependant, nous devons dissocier la connaissance de la compétence. Selon le dictionnaire interministériel, la compétence résulte d'une combinaison des savoirs, « savoir-faire et savoir-vivre et savoir être ».

Par exemple, la compétence face à une situation professionnelle donnée.

La personne compétente possède les connaissances indispensables pour exercer la compétence demandée.

Elle dispose de la capacité pour réaliser les tâches qui lui sont dédiées. La personne compétente doit être en mesure d'adopter les attitudes adéquates pour affronter les situations spécifiques.

Nous venons d'une manière générale brosser les contenus du concept et les attributs d'une personne compétente.

Faisant suite à cette réalité, notre regard est tourné vers les gestionnaires de la chose publique pour faire un parallélisme, d'une manière générale entre les dirigeants africains et les dirigeants européens qui du reste sont pris pour modèles.

Faisant mention aux Etats Unis d'amérique que nous prenons comme exemple, il en ressort que les personnes pressenties à un poste ministériel ou à des hautes responsabilités, doivent subir d'abord un oral, dans le but de tester leur capacité à diriger le secteur qui leur est confié.

Cependant, il se pose souvent un problème de casting, quand on ne sait pas définir les critères de choix et exigences liés à la fonction, surtout quand il s'agit des mandats politiques.

S'agissant des dirigeants africains, ils ne se sentent aucunement redevable à la population, voir la nation, sachant que leur mandat pour la plupart est l'émanation des parties politiques (militantisme), soit le produit d'une influence tribale, clanique, familiale, villageoise, ou encore d'une appartenance à une croyance religieuse.

De ce qui précède, il apparait noir sur blanc que la notion de la méritocratie et surtout son applicabilité, pose énormément de problèmes. Par conséquent, nous assistons à plusieurs dégâts sur le plan de la gestion tant administrative, juridique et social de la chose publique, parce que l'on ne place pas l'homme qu'il faut à la place qu'il faut, d'une part et d'autre part la mégestion, la corruption, le détournement des fonds ainsi que l'enrichissement illicite qui font saigner à blanc les caisses des Etats, sont preuves d'un mauvais choix des acteurs devant (pouvant) présider à la destinée d'une nation.

Ainsi, être détenteur d'un titre académique ne suffit pas pour assumer des postes de haute responsabilité, mais il faudrait en plus avoir un sens profond d'éthique et de moralité à même de confirmer la crédibilité d'un fonctionnaire public.

CHAPITRE V

Analyse sur le gestion européen et Africain de la chose publique :

Cas de la France et du Zaïre (République démocratique congo)

L'étude des cas a pour objectif de montrer comment un pays de grande civilisation comme la France, a procédé pour relancer la situation économico-sociale du pays après une période de grande guerre (la 2ème guerre mondiale).

Il s'agit ici, de voir quelle politique a-t-elle adoptée pour la réalisation de la relance économique.

Ceci comparativement aux pays émergents de l'Afrique subsaharienne tel que la République Démocratique du Congo (ex Zaïre), qui sortant de la colonisation et en dépit des efforts fournit par différents gouvernements successifs, n'arrivent pas jusqu'à ce jour à réaliser une croissance réelle et un développement accompli.

D'où la question de savoir, d'où vient la difficulté pour ces nations de pouvoir redresser leurs économies contrairement aux pays de l'Europe occidentale ?

Les pays qui après la deuxième guerre mondiale ont connu des situations chaotiques au point qu'un pays comme la France qui était en quête de charbon pour s'alimenter sur le plan énergétique, et cela suscité en eux (les français), l'ambition de chercher à mettre sur pied un plan de sauvetage.

C'est ainsi qu'un général américain, Georges C. MARSHALL, secrétaire d'Etat à l'époque va penser à la mise sur pied d'un plan plus global, qui couvrirait tous les secteurs de la vie sociale.

Ce plan portera le nom de « Plan Marshal », du nom de son géniteur.

Le plan Marshal incarnait en soi deux esprits :

a) Esprit de concertation
b) Esprit de solidarité

a) <u>Esprit de concertation</u>

La rencontre d'esprit éclairés, pragmatiques et convaincus du bien-fondé d'une action à moyen terme, a permis de construire durablement un mode d'organisation économique, basé sur des contrats où le consensus est aujourd'hui largement considéré comme formant l'une des bases de l'identité européenne.

b) **Esprit de solidarité.**

Le plan Marshal, exprimait l'idée qu'un rattrapage économique, fondé sur les forces du marché, devait s'accompagner d'un dispositif volontariste d'aide et d'assistance de nature à surmonter les principaux obstacles structurels.

Les politiques structurelles de la communauté européenne restent marquées jusqu'aux récentes décisions du Conseil Européen d'Edimbourg, par le souci d'égalisation des chances, de cohésion économique et sociale : cette volonté singularise la démarche communautaire vis-à-vis des organisations régionales exclusivement fondée sur le libre-échange.

En dehors de l'idée d'élaborer un plan de reconstruction basé sur la sélection des priorités à moyen terme, notamment dans le domaine clé des infrastructures de transport, de commerce, de distribution, voire des infrastructures de formation et de fiscalité puisque constituant les conditions importantes de décollage ; le plan Marshal devait également être orienté vers l'idée de missions de productivité.

Ces missions avaient pour objet, le transfert du savoir-faire (organisationnel) à la base dans les entreprises, mais aussi dans les banques, les chambres de commerce, préalablement à leur privatisation effective.

Les entreprises industrielles du secteur public devaient être mises en condition, préparée, pour une modernisation qui appelle elle-même une ingénierie sociale.

La difficulté et l'immensité de ce travail suggèrent de moderniser l'idée des missions de productivité et de mobiliser d'une manière inédite les professionnels de l'ouest au profit, au détriment des entreprises de l'est.

Nos prédécesseurs ont eu à l'aube des années 50, le courage d'innover. Ils ont répondu au « jamais vu » par de l'inédit. Cela pourrait être l'ultime leçon du plan Marshal.

Cependant à la fin de la guerre, les européens ravagés par l'inflation, la famine, les structures déchirées par les conflits, des factions, n'étaient pas en mesure de mettre sur pied des gouvernements équilibrés, malgré les tendances nationalistes.

Il fallait chercher à mettre sur pied des structures provisoires mais fiables pouvant venir à la rescousse des populations en difficulté.

D'où la déclaration de Georges Marshal « le malade est en train de sombrer et pendant ce temps les médecins délibèrent », il y avait donc la nécessité de diligenter un plan de relance en vue d'empêcher l'effondrement économique de l'Europe occidentale.

Georges Marshal envisagea donc une opération d'aide d'urgence à court terme et un programme de reconstruction à plus long terme, à élaborer d'ici la fin de l'année en cours.

Ce qui allait devenir le « plan Marshal », reposait sur cette conscience aigüe du destin collectif et de l'humble participation individuelle.

Ainsi dans son allocution lors du bicentenaire des étudiants de l'université de Princeton, il s'adressa à eux en ces termes :

« Le développement d'un sens des responsabilités en vue l'ordre et de la sécurité dans le monde », « le développement du sentiment de l'importance considérable des actes de ces pays », « et de la prise de conscience de l'échec des actions en vue de l'ordre et la sécurité dans le monde » ; tels sont à mon avis les grands objectifs de votre génération.

Cela revient à dire qu'il ne suffisait pas seulement de mettre sur pied un plan de relance économique et social sans toutefois penser à la moralisation de la vie politique et ce, en commençant par la jeunesse qui constitue l'élite et l'avenir de demain.

D'où vient donc la réussite de la France ?

Il faut savoir qu'après la deuxième guerre mondiale, les pays européens en général et la France en particulier ont connu de sérieuses difficultés pour la relance de l'activité économique, c'est ainsi donc le plan Marshal est apparu comme une bouée de sauvetage en vue d'une relance économique.

Pendant les premières années d'application du plan Marshal, la mission travailla à réguler l'émission de fonds de contrepartie pour amener le gouvernement français à adopter une politique budgétaire stricte lui permettant de réaliser la stabilité monétaire. La mission autorisa également, après examen, l'émission de fonds de contrepartie pour le financement de programmes précis présentés par les français conformément au plan Monnet.

Toutefois, à la fin de l'année 1949 l'E.C.A (Economique corporation administration) décide de présenter elle-même des propositions concernant l'utilisation des fonds et demanda à la mission parisienne de définir les priorités de la France en matière d'investissement.

Cependant malgré la volonté de l'administration américaine d'apporter de l'aide, le plan Marshal rencontra des résistances, cela la pression exercée par le programme de donner la priorité sur le logement.

Les français voulaient absolument mettre sur pied un programme de réarmement qui devait aboutir à la mise en place de l'agence de sécurité mutuelle et la création du groupe d'assistance et de conseil militaire. Cela suscita des conflits incessants avec la mission concernant l'aide militaire américaine.

Alors que selon Michel, le plan Marshal présentait pour la France des apports contradictoires, il contribua doublement grâce aux dollars et aux francs qui en sont la contrepartie, à surmonter l'écart apparu béant en 1947 entre les ressources financières et objectifs économiques fixés par le premier plan.

Cependant, il suscite dans le même temps des ajustements à la fois dans les orientations économiques et financières ainsi que dans les structures administratives françaises.

Cet alors que plusieurs questions méritées d'être posées :

Jusqu'à quel point les ajustements ont-ils été souhaités, maitrisé, subis ?

Ont-ils constitué des enjeux de pouvoir entre services, et en particulier entre la rue de Rivoli et Matignon et enfin, le plan Monnet en va-t-il été affecté ?

C'est ainsi qu'après plusieurs tractations, paru la nécessité de mettre en place les structures américaines, françaises et européennes destinées, à faire fonctionner l'aide.

Pendant ce temps, les décideurs français ont été conduits à envisager le double ajustement de la politique économique et financière comme de l'appareil administratif.

De ce qui précède nous constatons que des pays de grandes économies dit, développés ont à une certaine époque été soumis à des plans d'ajustement, structurels imposés par les donateurs en vue de réguler l'aide dont ils étaient bénéficiaires.

Il ne s'agit pas comme l'ont pensé certains français à certains moments d'une ingérence américaine dans les affaires intérieures.

Alors que selon Jean Monnet (1945-1946), l'aide américaine n'était que « provisoire et productive » et que seul le plan portant son nom donnait un sens national à l'effort d'équipement « garantie de l'indépendance économique ».

Ainsi le premier plan de modernisation et d'équipement (ou plan Monnet) est resté dans la mémoire collective comme celui qui au lendemain de la seconde guerre mondiale a été exprimé en chiffre et traduit en actes.

Cela revient à dire que parallèlement à l'aide que la France devait recevoir, il y avait à l'intérieur un plan de relance qui lui était propre.

Nous faisons ainsi référence au plan Monnet qui était le plan de modernisation et d'équipement crée le 3 Janvier 1946 à l'initiative du Général de Gaulle et de Jean Monnet.

Dans l'immédiate après-guerre, l'idée de planifier l'économie française qui avait séduit de nombreux hommes politiques durant l'entre-deux guerre, est devenue une nécessité afin de permettre à la France de moderniser ses structures économiques.

L'artisan de la planification est Jean Monnet qui réussit à convaincre le Général de Gaulle de la nécessité d'élaborer un plan pour permettre la reconstruction et la modernisation de la France.

Le 3 Janvier 1946 est créé le commissariat général du plan (voir décret de création n°46- 2) et Jean Monnet est nommé à sa tête. Ainsi le premier plan de modernisation et d'équipement est resté dans la mémoire collective, comme celui qui au lendemain de la seconde guerre mondiale a été exprimé en chiffre et traduit en actes concrets.

L'analyse économique du plan Monnet était centrée sur six secteurs de base : charbon, électricité, ciment, machines agricoles, transport et acier et elle a été réalisé à partir des chiffres de production de 1929, 1938, et 1946.

C'est sous l'impulsion de Jean Monnet et de son équipe de collaborateurs en coopération avec les ministres concernés, que le plan a été élaboré à partir de ces données.

C'est sur base des travaux de dix-huit commissions de modernisation et d'équipement, ces dernières elles même composées de chefs d'entreprises, de syndicalistes et de fonctionnaires.

<u>Ce plan avait pour objectif :</u>

Les principaux objectifs étaient de répondre à la situation de retard économique et de pénurie observée en France : Il s'agissait notamment :

- D'assurer un relèvement rapide du niveau de vie de la population et notamment de son alimentation.
- De moderniser et équiper les activités de base (houillère, électricité, sidérurgie, ciment, machinisme agricole).
- De moderniser l'agriculture.
- D'affecter à la reconstruction le maximum de moyens en tenant compte des besoins des activités de base et en modernisant l'industrie des matériaux de construction, celle du bâtiment et des travaux publics.
- De moderniser et développer les industries d'exportation pour assurer en 1950 l'équilibre de la balance des comptes.

La base de départ était ainsi créée pour entreprendre, au cours d'une seconde étape, la transformation des conditions de vie et notamment du logement.

Le plan assigne donc à chaque secteur des objectifs chiffrés importants.

Jean Monnet propose d'atteindre en 1950 un dépassement de 25% de la production maximale atteinte en 1929, selon la progression suivante :

- Fin 1947 atteindre le niveau de 1938
- Milieu 1948 atteindre le niveau de 1929
- En 1950 atteindre +25% du niveau de 1929
  Les résultats :

Par le nombre restreint d'objectifs retenus et l'unanimité, le premier plan a bien été exécuté. En effet, les objectifs fixés par le commissariat du plan ont été atteint dans leur ensemble et la priorité accordée aux secteurs de base s'est révélée efficace. En fin, le plan a insufflé un nouvel état d'esprit parmi les chefs d'entreprises sans porter atteinte à l'initiative privée.

La place de l'état dans le système productif, renforcé par les nationalisations de l'après-guerre et le contrôle des prix, favorise une bonne maîtrise des évolutions économiques, si chère à la Vème République. Dans le succès de modernisation réalisé grâce à Monnet et pour moitié par l'argent de la contrevaleur de l'aide américaine ; nous reconnaissons ainsi aux dirigeants français de s'être donner une image de crédibilité et de fierté pour avoir réussi à moderniser le pays et à s'ouvrir in fine à l'horizon de la mondialisation.

- **République Démocratique du Congo (ex Zaïre).**

Après l'indépendance du Congo, et des pays d'Afrique subsaharienne, la reprise des affaires de l'Etat par les autochtones paraissait nécessaire, d'où l'importance de la mise sur pied des plans de relance économique en vue d'assurer la stabilité et le bien-être social.

Bien qu'ayant pris des élans nationalistes, les dirigeants africains de l'époque ont fait recours aux ressources propres pour s'assurer de leur plan de relance.

Pour ce qui est de la RD Congo (Zaïre) nous pouvons marquer 4 étapes de relance qui malheureusement n'ont pas pu atteindre leurs objectifs, nous avons :

1. La zaïrianisation
2. L'objectif 80
3. Le plan Mobutu
4. Les 5 chantiers

Dans la conception première, nous ne doutons pas de l'ingéniosité qui a été à la base de la mise sur pied de ces différents plans.

133

Cependant le grand problème s'est posé au niveau de l'application de ces derniers, d'où les questions :

- Est-ce un problème de moyens ?
- Est-ce un problème d'homme ?
- Est-ce un problème d'éthique et de moralité dans la gestion de la chose publique ?

En effet dans l'esprit de l'élite congolaise de l'époque (Zaïre), il était question de mettre sur pied un projet de société qui couvrirait tous les domaines de la vie socio-économique pour les prochaines décennies.

C'est ainsi que l'école du Parti de l'époque le MPR (Mouvement Populaire de la Révolution) a conçu un programme basé sur les idéologies nationalistes appelé « Le Manifeste de la Nsele ».

Ceci s'avérerait être un outil de référence et d'orientation tant politique qu'économique, social et culturel, bref un projet de société.

Promulgué par le Président Mobutu Sese Seko le 20 Mai 1967, le manifeste de la Nsele avait pour Objectif :

1) La restauration de l'autorité de l'état et de son prestige international, le respect des libertés démocratiques, la participation active directe ou indirecte de chacun à la discussion publique des problèmes de la commune.

2) La confrontation permanente des intérêts, des besoins, des nécessités économiques ou politiques.

3) Libérer les zaïrois et les zaïroises de toutes les servitudes et assurer leur progrès en édifiant une République vraiment sociale, vraiment démocratique.

4) La révolution ne se fera pas par l'écrasement de l'individu.

5) La liberté humaine est au centre des préoccupations du MPR.

6) La suppression des oppressions politiques

7) La réaffirmation des grandes libertés traditionnelles, liberté d'opinion, liberté de presse, liberté de conscience…

8) Le citoyen doit être respecté dans sa liberté qui lui donne la force de son dévouement.

9) Le MPR respectera les libertés fondamentales et facilitera leur exercice.

De plus le manifeste prônait également la répartition équitable du revenu national, les principes de convention collective et la garantie du salaire.

Au vu de ce qui précède nous avons l'impression d'avoir un programme plutôt populiste qu'économique et encore moins social.

A la place de réfléchir sur le type de politique qu'il fallait mettre en œuvre pour la relance de la production, ou pour la transformation des produits de première nécessité en vue d'assurer l'autosuffisance alimentaire et l'indépendance économique, les concepteurs de ces programmes ont orienté leur réflexion sur le renforcement de l'autorité de l'Etat et l'affirmation de sa souveraineté vis-à-vis des partenaires extérieurs.

C'est ainsi que par la suite, alors que le pays avait atteint le paroxysme de sa croissance économique avec le boom du cuivre, va chevaucher à ce programme précisément en Novembre 1973 ce qu'on a appelé « la zaïrianisation », va amener un profond bouleversement du système et du tissu économique du Zaïre de l'époque.

En quoi consistait la zaïrianisation ?

Réalisée en 1973, la zaïrianisation a constitué l'un des événements les plus importants de la politique menée par le régime mobutiste, à savoir la nationalisation progressive des biens commerciaux et des propriétés foncières qui appartenaient à des ressortissants ou groupes financiers étrangers.

Cette mesure s'inscrivait officiellement dans un effort visant à la réappropriation nationale de l'économie ainsi que la redistribution des richesses acquises pendant la colonisation au profit des nationaux.

Cependant, l'impréparation dans la prise de décisions et le caractère brutal qui a caractérisé ce processus, n'a pas permis une remise et reprise en bonne et due forme des anciens gestionnaires avec les nouveaux acquéreurs.

Il est apparu en effet que les nouveaux acquéreurs, bénéficiaires de la zaïrianisation étaient pour la plupart, des novices en matière de gestion.

Leur impréparation dans le domaine de la finance, de l'économie, de la gestion des stocks, d'approvisionnement et de la gestion des outils de production ont donné de très mauvais résultats.

Cette politique de confiscation sans contrepartie avait non seulement fragilisé les expatriés, mais avait jeté le discrédit au niveau des investisseurs étrangers qui n'avaient plus de garantie pour pouvoir investir au Zaïre.

Entretemps, le pays s'est retrouvé avec une catégorie de nouveaux riches, au lendemain de l'acquisition des biens zaïrianisés, au profit de certaines familles.

Ces dernières ont commencé à mener une vie de haute facture, plongé dans la luxure, au lieu de mettre en valeur les biens acquis.

C'est ainsi que l'on assistera à l'effondrement d'empire économiques qui soutenaient l'économie nationale.

Exemple : la Société générale d'alimentation (SGA), qui fut à l'époque la 1ère alimentation moderne.

Ce plan de réappropriation des patrimoines nationaux aux mains des expatriés ayant échoué, le président de l'époque pensa à la veille des années 80 à un autre plan de relance appelé « Plan Mobutu ».

Ce plan devait porter sur les priorités suivantes:

a) La réorganisation des transports.
b) Le développement de l'agriculture.
c) Optimisation de l'industrie minière.
d) La décentralisation économique et régionale.
e) Le management de l'ensemble de l'appareil de l'Etat.

Nous devons reconnaitre qu'au départ de ces programmes certaine avancées ont été réalisées. Dans le domaine des transports par exemple des régies furent créés tant dans domaine aérien (Air Zaïre), qui s'est doté d'une flotte capable de desservir l'espace national et international avec des Fokker et des DC10. En ce qui concerne le transport fluvial, le pays s'était doté de navires de haute mer, de bateaux long-courriers (Tshasti, kokolo…) et de bateaux moyen-courrier (gombari, gungu…), ainsi que des baliseurs appelés types K.

Il fut alors créé des holdings tels que :

- AMIZA : Agence maritime zaïroise.
- RVF : Régie des voies fluviales.
- ONATRA : Office national des transports
- RVM : Régie des voies maritimes.
- OGEFREM : Office de gestion du fret maritime.
- SNCZ : Société nationale des chemins de fer zaïrois.

Nous aurions bien voulu décrire les autres points du plan Mobutu, mais compte tenu de l'orientation de notre ouvrage, nous ne pouvons que nous limiter à ce niveau, afin de ressortir les raisons, ainsi que les causes qui sont à la base des échecs de ces différentes tentatives.

Il se dégage de nos observations, que c'est au niveau de la gestion des biens de l'Etat ou des entreprises du Portefeuille, que se posent les véritables problèmes.

D'abord le fait que la plupart des gestionnaires publics faisaient partie des dignitaires du Parti Etat, rendait le contrôle ou l'audit quasiment impossible pour cause de conflit d'intérêts, puisque l'Etat était juge et partie.

Ensuite, le fait que la plupart des gestionnaires de la chose publique, semblaient n'avoir aucun devoir de redevabilité, car bénéficiaient de l'impunité et du népotisme de leurs parrains.

Enfin, la plupart de ces dirigeants étaient plongés dans une grande immoralité, s'offrant le privilège d'épouser plusieurs femmes, passant ainsi le temps à penser à leurs intérêts familiaux et privés au détriment de l'intérêt général.

On assistera ainsi à une gabegie financière à grande échelle, au point que certaines dépenses importantes étaient liées à la célébration de grandes fêtes du Parti Etat et à l'entretien de ses organes pilotes, à l'exemple de L'animation politique qui prônait l'apologie du chef suprême du Parti à la place d'encourager la formation de la jeunesse.

Si bien qu'à l'horizon 2023, il parait nécessaire de pouvoir se projeter dans le modèle de société que nous voulons pour l'avenir. D'où l'importance de définir les politiques que nous devrions adopter dans différents secteurs de la vie sociale en vue de mener à bien le bien-être collectif.

Il s'agit dans ce cas de définir par exemple :

- En matière de politique sociale :

Par exemple, Valorisation du travail, surtout de l'artisanat, l'encadrement des métiers en voie de disparition, établir une échelle de valeur morale (salariale).

- En matière de politique scolaire :

Par exemple, Penser à une régionalisation du système d'enseignement primaire selon la prévalence régionale en vue de parer à la déperdition scolaire, rendre obligatoire l'enseignement du niveau du premier et du second degré.

- En matière de politique sanitaire :

Par exemple, la mise sur pied d'un système de santé pour tous au travers des mutuelles de santé et d'assurances de groupe.

- En matière de politique culturelle :

Par exemple, promouvoir les valeurs nationales au travers de l'art, de la chanson et du théâtre.

- En matière de politique de défense :

Par exemple : Promouvoir une armée non seulement de défense et de sécurité, mais aussi une armée de développement (métier) en temps de paix.

- En matière de politique agricole :

Par exemple : Renforcer la capacité de la production paysanne et arriver au niveau de transformation des produits de base, en assurant l'évacuation des productions locales.

- En matière de politique infrastructurelle :

Par exemple : Penser à faire l'interconnexion entre les différentes provinces au travers des infrastructures routières, ferroviaires, maritimes et aériennes.

- En matière de politique de gouvernance :

Par exemple : Quel genre de régime voulons nous, unitariste, fortement décentralisé ou démocratique (semi présidentiel).

- En matière de politique étrangère :

Par exemple : Prôner la coopération win-win (gagnant-gagnant) en ouvrant des portes à ceux qui nous apportent la technologie.

- En matière de politique économique :

Par exemple : Favoriser le climat des affaires, en favorisant les entrepreneurs nationaux par la réduction des impôts ainsi que de droits de douane et accises et pour les entrepreneurs étrangers prôner la politique de développement durable.

- En matière de politique de la jeunesse :

Par exemple : Promouvoir une classe dirigeante basée sur les valeurs et les principes de vie en communauté, insuffler l'esprit patriotique et la volonté de vivre ensemble dans tout l'espace du territoire national.

- En matière de politique sportive :

Par exemple : Promouvoir le sport en exigeant la pratique de différentes disciplines dans les écoles et en créant des stades dans toutes les communes des différentes provinces pour les activités récréatives.

- En matière de politique de l'emploi Par exemple : Prôner un enseignement basé sur les besoins de la société, ou plutôt une politique qui vise des diplômés, mais qui ne répondent pas aux désidérata de nos sociétés, surtout si l'on doit tenir compte de la prévalence de chaque province.

CHAPITRE : VI

Conclusions et Recommandations.

Résolution de problèmes :

- Au regard de tout ce qui précède, il revient de souligner que c'est l'homme qui est et qui reste l'élément moteur pour tout développement.

Cependant nous ne devons pas ignorer que dans un train, c'est la tête qui dirige tous les wagons, tout comme dans un bateau, c'est le gouvernail qui guide le bateau puisque se trouvant sous la direction d'un capitaine, qui indique la direction que doit emprunter le bateau, surtout quand il existe des endroits où la navigation est difficile.

Il en est de même du corps humain dont une des parties (la tête) contenant les yeux, qui seule peuvent indiquer à l'homme le chemin qu'il doit emprunter, parce que ce sont eux qui voient et qui peuvent donner l'impulsion sur les membres et les organes du corps à propos de la direction que l'on doit prendre.

C'est ainsi qu'il est dit quelque part dans la Parole de Dieu « que l'œil est la lampe du corps, mais s'il perd sa capacité, il peut entrainer tout le corps dans les ténèbres ».

C'est donc à cette image que nous voulons identifier nos sociétés actuelles, ainsi que les leaders qui sont censés nous diriger.

De ce fait, nous devons considérer qu'en tant que leader, ou personne censé prendre en main la destinée d'un peuple ou d'un pays, on est appelé à adopter ou à afficher un comportement ou une attitude reflétant la coexistence des éléments suivants :

a) Un caractère corrélatif à la fonction que l'on assume.

b) Un certain nombre de principes régissant la relation avec les administrés.

c) Une échelle de valeurs pour l'équilibre et la paix sociale (justice sociale).

d) La capacité de réagir et de faire face au conditionnement.

Nous allons dans les lignes qui suivent essayer d'extrapoler ces concepts de base qui du reste peuvent constituer une garantie de la bonne gouvernance dans la gestion de la chose publique.

a. Avoir un caractère :

La structure mentale et l'état d'esprit de l'homme occupe une place importante pour son épanouissement et celui de son environnement.

Le caractère dans ce cadre se veut être comme une forme de discipline qui se forge au fil des temps par rapport à ce que votre société attend de vous.

Nous savons par ailleurs que quelque soit le métier que l'on est censé exercer, on l'exerce au milieu de ses propres frères ou de personnes de sa propre communauté.

C'est pourquoi, il est important de rassurer les uns et les autres au travers de l'attitude ou du comportement que vous affichez.

A supposé que vous soyez élevé au rang d'un magistrat dans votre ville de naissance, et que les gens de votre ville se souvienne que vous êtes un homme très endetté, que vous mentez beaucoup et que vous avez été soupçonné de recel ou de penchant partisan etc. Une telle image ne peut en aucun cas rassurer les siens, puisque reflétant un mauvais caractère et constituant un obstacle pour la garantie de la justice et de la paix sociale.

C'est toujours délicat de prétendre assumer certaines fonctions ou certaines responsabilités sans toutefois être capable de s'imposer une discipline par rapport au métier que l'on exerce.

Eduquer quelqu'un ou lui donner une instruction c'est une chose, mais former son caractère, c'est aussi autre chose, parce que la perception que les tiers ont du métier que l'on exerce n'est pas nécessairement la même que la personne qui l'exerce d'elle-même.

Si bien qu'il est important de pouvoir inculquer ou cultiver cette image dans le chef de la personne exerçant le métier.

La robe blanche d'un médecin par exemple revêt un caractère angélique, un caractère salutaire et même un symbole de pureté, ce qui automatiquement inspire la confiance auprès des patients et la personne qui porte cette tenue est dans l'obligation de défendre cette image.

Dans ce cadre, certains Etats se trouvent dans l'obligation de pouvoir exiger, pour une catégorie de personne exerçant des métiers nobles tels qu'enseignants, douaniers, contrôleurs des finances et militaires…, un certain sens de responsabilité, de sérieux et de rigueur.

Craignant que toute forme de légèreté, de négligence ou d'irresponsabilité que l'on peut afficher dans ces métiers puisse causer beaucoup de dégâts au sein de l'appareil de l'état, voire de la société tout entière.

Raison pour laquelle dans certains pays, on préfère que de telles fonctions soient assurées par des personnes assermentées pour être sûr qu'ils se comporteront en conséquence, sachant qu'ils sont tenus d'un côté par le serment et de l'autre côté par la loi.

Autrement, ils remettraient en cause la dignité de leur fonction (métier) ou l'image que la société se fait d'eux.

b. Avoir des principes :

Toute organisation, la plus grande soit-elle, qui veut se pérenniser, ne peut pas prétendre s'appuyer sur un leadership personnalisé quand bien même il constituerait le centre de gravité de la structure.

Mais au contraire, une organisation qui se veut solide doit reposer sur des principes qui représentent sa vraie fondation, car dit-on « les hommes passent et les institutions demeurent ».

C'est ce qu'on appelle en politique, la vision de l'état (projet de société), le pacte républicain ou encore, la constitution de la république. Dans le cas des entreprises on parle parfois de la culture des entreprises ou de la convention collective.

Cependant pour rendre efficace ce principe, il doit s'y joindre une éthique ou une déontologie déterminant la ligne rouge qui est infranchissable pour tous les citoyens (gouvernants et gouvernés). Il revient donc à chacun de pouvoir assumer sa responsabilité dans la gestion de la chose publique c'est à dire connaître ses droits et ses devoirs, voire ses limites.

Pour beaucoup plus d'efficacité, les membres d'une organisation doivent être en mesure, et cela de manière unanime de sanctionner, de récuser ou de s'opposer face à toute personne ayant des velléités manifestes d'aliéner les principes collectifs, au risque d'affaiblir l'efficacité de l'organisation.

Nous devons à cet effet éviter que les dirigeants puissent tomber dans la sphère de l'impunité, du culte de la personnalité, du trafic d'influence ou encore de l'association de malfaiteurs, capable d'entrainer le naufrage de la structure.

C'est comme ça que l'on entend parler de Républiques bananières ou d'Etats voyous, parce qu'à ce niveau ce n'est pas l'image d'un individu qui est ternie, mais c'est l'image de tout une communauté, de tout une société, voire de tout un pays.

c. Avoir une échelle de valeur :

D'aucun ne peut s'imaginer dans son esprit une paix sociale sans la justice sociale.
L'être humain, de par sa nature est entouré de plusieurs besoins.

Cependant considérant le fait que tous les êtres humains sont égaux, nous devons donc éviter des inégalités sociales au sein de nos communautés, au risque de provoquer des tensions sociales.

Ceux qui sont élevés en dignité certes ont une responsabilité et par conséquent ont droit à un traitement de faveur, mais cela ne veut pas pour autant dire que le peuple soit démuni au point de manquer le minimum vital.

C'est pourquoi il faut s'assurer que la rétribution que l'on fait du revenu national soit proportionnel à l'évolution du pouvoir d'achat de la population.

Une politique réfléchie se voudra mettre sur pied l'organisation de tous les métiers répertoriés au sein de la société en corporation, en y relevant les tâches, pour enfin y joindre un traitement approprié. Sinon il n'y aura pas de raison qui feront que les personnes évoluant dans un même secteur d'activité ou exerçant des métiers de même rang, puissent être régis par des portefeuilles différents au point de créer un écart important au niveau du traitement salarial ; ne dit-on pas que « à travail égal, salaire égal ».

L'état, a dans ce cas le devoir de veiller à ce que le pouvoir d'achat de la population ne soit pas en-deçà du salaire minimum (smic), surtout pour ceux qui se sont engagés à évoluer dans l'artisanat, au risque de les décourager et d'amener la disparition de certains métiers.

Une échelle de valeur sociale parait donc à ce niveau important pour définir clairement les traitements, les avantages et les primes dont doivent être bénéficiaires les personnes exerçant un métier quelconque.

Il est donc hors de question de favoriser la classe dirigeante et de tout focaliser sur les institutions de l'Etat, oubliant les personnes travaillant dans le secteur privé, dans l'artisanat voire les indépendants.

d. La capacité de réagir et faire face au conditionnement :

Gouverner c'est prévoir, les sociétés les plus développées du monde ont actuellement acquis le réflexe de prévention dans tous les domaines de la vie sociale.

Cette attitude étant l'émanation de toutes les difficultés connues dans le passé et de tous les défis qui sont quasi permanents au sein de nos communautés.

Ainsi un responsable averti, à un certain moment de sa vie doit prendre des résolutions ou prendre des dispositions nécessaires pour assurer le bien-être de ses populations.

À cet effet, nous pouvons considérer les pays comme l'Afrique du Sud qui se trouve en plein désert (voir l'Arabie Saoudite), mais qui se trouve dans l'obligation d'assurer la distribution d'eau potable et d'électricité à sa population ; une responsabilité à la fois politique et humanitaire que l'on est sensé assumer au jour le jour, c'est-à-dire au quotidien.

Un tel conditionnement exige certes du sérieux, de la part des responsables et un suivi permanent de la situation de peur de se retrouver un jour devant une catastrophe.

Certes cela va du respect que l'on a vis-à-vis de ses concitoyens et de la responsabilité que l'on a face à la communauté (la Nation).

C'est comme ça que les pays qui sont les plus développés sur le plan infrastructurel sont ceux dont les dirigeants manifestent un sens profond de responsabilité, de sérieux, de dignité et de patriotisme.

Considérons par exemple le cas du Japon, qui est pratiquement une île exposée à toutes espèces de vents, de typhons et de tsunamis, capables de provoquer des catastrophes naturelles de grandes envergures.

Mais malgré ce risque, ils ont mis en place des mesures de préventions à même de faire face à tous les cas de figure et cela sans manifester la moindre négligence possible.

Voire même, ils mettent beaucoup de moyens dans la recherche en vue de l'amélioration des conditions de vie de leur population, qui du reste devient de plus en plus vieillissante.

Pour illustrer cela, nous pouvons prendre comme exemple, cette affaire des enfants japonais qui habitaient sur une rive de l'île, mais qui devaient traverser chaque matin pour aller étudier de l'autre côté de l'océan en empruntant le bac.

Voilà qu'un jour le fameux bateau va chavirer, tous les élèves se sont noyés et la ville perdit ainsi en une journée une grande partie de sa jeunesse devant assurer l'avenir de l'archipel.

Le premier ministre de l'époque indigné et furieux fit cette déclaration « plus jamais une telle chose ne se reproduira ».

Il décida donc de débloquer des moyens (500.000 milliards de yens) pour jeter un pont sur les deux rives de l'archipel en vue de faciliter la traversée en voiture et ce pont qui mesure, environ 282 mètres de hauteur et 3911 mètres de long est parmi les plus grand que le monde ait connu.

Construit en 10 ans, le pont d'Akashi Kaikyo relie Kobe et l'île d'Awaji en enjambant la mer intérieure de Seto.

Voilà jusqu'où le conditionnement peut pousser l'homme.

Que dirons-nous de l'Arabie Saoudite….

Nous pouvons condamner l'Occident à cause de sa politique dite de prédation, mais nous ne sommes pas sans ignorer les contraintes auxquelles il est soumis malgré ses avancées technologiques.

Rien que ses quatre saisons lui imposent un mode de vie conséquent, alors qu'en parallèle, il y a des pays en développement ayant des ressources naturelles que les autres ne possèdent pas, qui vivent apparemment de manière providentielle parce que ne ressentant aucun conditionnement.

Notre position de consommateur du bout de la chaîne, fait que les habitants ou les dirigeants des pays en développement soient comme obnubilés, puisque ne voulant pas remonter l'origine de la chaine.

Ils ne se sentent pas contraint par une situation quelconque et ne souffrent d'aucun devoir de redevabilité vis-à-vis de la nation.

A la lumière de ce qui précède, nous voyons que le système de gestion ou de gouvernance des pays en développement n'obéit à aucune règle et à aucun devoir de redevabilité.

On ne peut pas prétendre que ce soit un problème de moyens ou de compétence, mais au contraire un problème d'organisation de la société dans son sens le plus large.

Cependant, malgré les imperfections, la mégestion, les ratés des dirigeants, il se dégage quand même un souci du bien-être commun et du vivre ensemble au sein de ces sociétés, puisque ceux-ci se manifestent par des actes de solidarité familiale à tous les niveaux.

Si bien que dans les soucis de pérenniser cette solidarité, il est important pour le législateur de pouvoir repenser un mode de société ou régnerait la justice sociale au travers de la répartition équitable du revenu national.

D'où la nécessité de la mise sur pied des mécanismes de contrôle et de régulation des actions gouvernementales, qui du reste constitueraient des gardes fous pouvant assurer une gestion saine.

a) Au niveau des travailleurs.

Par exemple, renforcer le système syndical, qui pourra constituer un catalyseur entre les fonctionnaires, les travailleurs et le patronat (l'Etat).

Lui permettre de répertorier et de classifier tous les métiers ensemble avec le ministère du travail en y assurant un minimum de sécurité social ; cela au travers des conventions collectives ou des lois organiques régissant ces métiers.

b) Au niveau de l'enseignement.

Axer celui-ci sur les besoins de la société sans oublier la culture générale. Ceci en mettant sur pied des ateliers et des laboratoires d'expérience et d'apprentissage des métiers sur le tas.

Le ministère de l'enseignement aura donc pour mission de répertorier tous les métiers essentiels pour la reconstruction de l'infrastructure nationale et le faire bénéficier d'un encadrement ou d'un financement si nécessaire.

Le but étant d'occuper et d'exploiter les talents de populations actives dans différent domaines de la vie sociale en favorisant l'artisanat.

Ce pendant pour y arriver, les conditions suivantes sont nécessaire :

a)   Prôner une justice forte et indépendante à même de pouvoir assurer la paix sociale et de garantir la liberté ainsi que les droits fondamentaux de tout citoyen, quel que soit son rang social ou son groupe ethnique.

b) Promouvoir une classe politique orientée vers une idéologie fondée sur des projets de sociétés clairs, qui viserait l'intérêt général et non les appétits individualistes.

Faire en sorte que cette culture se développe de plus en plus vers les valeurs, au lieu de la politique populiste qui elle est fondée sur le culte de la personnalité et à laquelle ne peuvent pas fédérer toutes les personnes qui détiennent un sentiment patriotique.

c) Ouvrir l'espace médiatique afin de donner accès à l'information.

Ce qui permettra au peuple de savoir la manière dont sont gérées les affaires de la République, le climat socio-économique dans lequel ils évoluent ; car la désinformation ou l'ignorance des lois du pays (constitution) peut pousser l'homme à oublier même ses droits les plus élémentaires.

Enfin viser à mettre sur pied des chartes républicaines inaliénables, qui puissent garantir la bonne gouvernance et la justice sociale, ceci au regard de la loi.

C'est seulement de cette manière, que nous pourrions espérer ou envisager de bâtir une nation meilleure et prospère où les règles du jeu sont bien définies et dans laquelle tout le monde trouvera son compte.

Nous voulons donc, en définitive, éviter d'avoir des citoyens qui ont réussis dans la vie, mais qui ont échoué dans la société.

Bibliographie :

1. BOURAS BOUKHALFA : la Contribution de l'audit Interne à la performance de l'entreprise.

Étude de cas : Mémoire de Fin d'étude par BATICOMPOS BENI MANOUR,

Année 2094 - 2015.

2. CARL GUSTAV JUNG : psychologie analytique : types psychologies 7921.

3. Charles Heimberg : porté et limite de l'éducation à la citoyenneté démocratique, IPMES, université de Genève, 2007.

4. CHARTES DES NATIONS UNIES : Déclaration universelle des droits de l'homme du 10 décembre 1948.

5. Dictionnaire Wikipédia Guy Rocher, 1969.

6. FRANÇOIS XAVIER VERSCHAVE : La Santé mondial : Entre racket et bien public Editions Charles Léopold Mayer, Paris 2004.

7. GUY ROCHER : L'introduction à la sociologie générale, vol3, Montréal (Québec), Éditions H.M.H 1968-1969.

8. HANS JONAS : Le principe Responsabilité : Une éthique pour la civilisation technologique. Les Editions de CERF, 29 boulevard Latour- Maubourg, Paris 1992.

9. Le plan Marshall et le relèvement économique de l'Europe. (Colloque tenu à Bercy le 21, 22 et 23 mars 1991, sous la direction de René Girault et Maurice Lévy Leboyer) Comité pour l'histoire économique et financière, Ministre des finances-Paris 1993.

10. MARC TSHONDO : Manuel d'éducation à la Citoyenneté. Éducatif 1. Doe

11. NICOLAS JOUNIN : chantier interdit au public Enquête parmi les travailleurs du Bâtiment. Editions la découverte, Paris 2009.

12. PASCALE DIETRICH RAGON : Le logement intolérable : Editions PUF, Paris 2011.

13. VIP : vie publique française, Fiche 23857.

LES ANNEXES

164   *Entre Plan Marshall et Plan Monnet : les Finances*

Tableau 11

Importations au titre de l'aide Marshall (1949-1951)

A. *Principales marchandises importées*

Marchandises	Quantités (milliers de quintaux métriques)	Valeurs (millions de francs)
Année 1949		
Coton en masse, égrené, Seru	1 710,2	38 483
Pétroles bruts	59 595,1	48 393
Cuivre brut	702	9 320
Anthracite et autres charbons	56 148	29 483
Groupes et éléments d'aérodynes et pièces détachées diverses	1,6	971
Caoutchouc artificiels	81,8	1 074
Gas-oils	467,5	434
Minerais de molybdène, de tungstène, de vanadium, etc.	41,3	1 361
Roulements en tous genres montés ou complets	9,5	974
Tracteurs à moteurs à explosion, à combustion interne, etc.	14,9	892
Soufre non épuré, dit brut	1 388,7	1 313
Noir de fumée	236,6	1 641
Amiante (asbeste) en roches, en fibres ou pulvérisé	46,3	276
Matériel de travail et de manutention automobiles	6,7	220
Médicaments pour la médecine humaine et vétérinaire	0,3	1 141
Divers	18 801,7	73 648
Total	**139 071**	**204 136**
Année 1950		
Coton en masse, égrené, Seru	1 526	40 806
Pétroles bruts	56 859,4	43 944
Cuivre brut	411,6	7 442
Mats	2 666,1	6 282
Laminoirs à chaud	32	1 197
Machines et génératrices, moteurs, transformateurs, convertisseurs électriques assimilés	13,7	921
Ébauches en rouleaux pour tôles	104,8	401
Autres appareillages électriques et pièces détachées	5,5	812
Gas-oils	1 035,7	1 112
Noir de fumée (carbon black)	244,4	1 854
Appareils divers	10,3	267
Tabacs bruts en feuilles ou en côtes	29,3	681
Machines à rectifier, à affûter, à meuler, à polir (à rodar, etc.) travaillant à l'aide de meules, d'abrasifs, etc.	9,3	786
Machines à écrire et similaires comptables	0,4	164
Caoutchoucs artificiels	72,1	1 233
Divers	7 770,9	53 443
Total	**70 791**	**160 437**

Le Plan Marshall – CHEFF – 1993

Tableau 11 (suite)

Marchandises	Quantités (milliers de quintaux métriques)	Valeurs (millions de francs)
Année 1951		
Coton en masse, égrené, Seru	766,8	27 830
Houilles crues : anthracite et autres	20 838,8	17 114
Bois ronds bruts	1 310,7	2 231
Cuivre brut	313,9	6 775
Turbines à vapeur	4,1	676
Noirs de fumée, noirs de gaz de pétrole (carbon black), noirs d'acétylène et noirs de gaz anthracéniques	304,2	2 530
Ébauches en rouleaux pour tôles	405,1	1 887
Huiles de graissage	770,3	3 642
Amiante (asbeste) en roches, en fibres ou pulvérisé	94,5	555
Essences d'aviation	317	690
Cylindres de laminoirs	33,5	515
Machines génératrices, moteurs, transformateurs convertisseurs électriques et assimilés, leurs parties et pièces détachées	32,6	3 914
Machines et appareils pour l'industrie textile : Métiers à bonneterie et machines à tricoter rectilignes	9,6	835
Divers	48 516,2	91 856
Total	**73 717**	**168 172**

Le Plan Marshall – CHEFF

---

162   *Entre Plan Marshall et Plan Monnet : les Finances*

Tableau

Fonds de contrepartie mis à la disposition des différents pays et conservés par les États-Unis à la date du 30 juin 1952

Source : MEF, Finances comparées, n° 49, janvier 1953, p. 90-91.

Le Plan Marshall – CHEFF – 1993

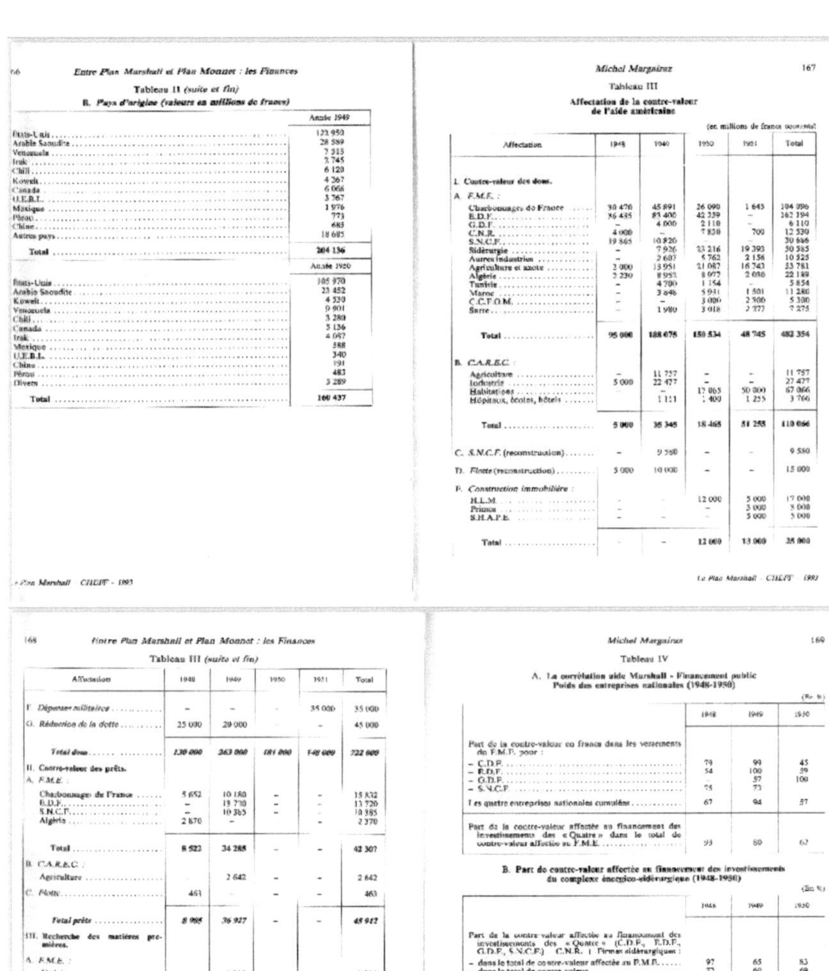

Entre Plan Marshall et Plan Monnet : les Finances

Tableau II *(suite et fin)*

B. Pays d'origine (valeurs en millions de francs)

	Année 1949
États-Unis	122 950
Arabie Saoudite	28 589
Venezuela	7 513
Irak	2 745
Chili	6 120
Koweit	4 367
Canada	6 066
U.E.B.L.	3 767
Mexique	1 976
Pérou	773
Chine	685
Autres pays	18 685
Total	**204 136**

	Année 1950
États-Unis	105 970
Arabie Saoudite	23 452
Koweit	4 520
Venezuela	9 901
Chili	3 280
Canada	5 136
Irak	4 087
Mexique	588
U.E.B.L.	340
Chine	191
Pérou	483
Divers	3 289
Total	**160 437**

Le Plan Marshall - CHEFF - 1993

Michel Margairaz

Tableau III

Affectation de la contre-valeur de l'aide américaine

(en millions de francs courants)

Affectation	1948	1949	1950	1951	Total
I. Contre-valeur des dons.					
A. F.M.E. :					
Charbonnages de France	30 470	45 891	26 090	1 645	104 096
E.D.F.	36 435	83 400	42 359	–	162 194
G.D.F.	–	4 000	2 110	–	6 110
C.N.R.	4 000	–	7 838	700	12 530
S.N.C.F.	19 865	10 826	–	–	30 686
Sidérurgie	–	7 926	23 216	19 393	50 585
Autres industries	–	2 607	5 762	2 156	10 525
Agriculture et azote	2 000	13 951	21 087	16 743	53 781
Algérie	2 230	8 953	8 977	2 030	22 189
Tunisie	–	4 700	1 154	–	5 854
Maroc	–	3 848	5 931	1 501	11 280
C.C.F.O.M.	–	–	3 000	2 300	5 300
Sarre	–	1 980	3 018	2 277	7 275
Total	95 000	188 675	150 534	48 745	482 354
B. C.A.R.E.C. :					
Agriculture	–	11 757	–	–	11 757
Industrie	5 000	22 477	–	–	27 477
Habitations	–	–	17 065	50 000	67 066
Hôpitaux, écoles, hôtels	–	1 111	1 400	1 255	3 766
Total	5 000	35 345	18 465	51 255	110 066
C. S.N.C.F. (reconstruction)	–	9 580	–	–	9 580
D. Flotte (reconstruction)	5 000	10 000	–	–	15 000
E. Construction immobilière :					
H.L.M.	–	–	12 000	5 000	17 000
Prince	–	–	–	3 000	3 000
S.H.A.P.E.	–	–	–	5 000	5 000
Total	–	–	12 000	13 000	25 000

Le Plan Marshall - CHEFF - 1993

Entre Plan Marshall et Plan Monnet : les Finances

Tableau III *(suite et fin)*

Affectation	1948	1949	1950	1951	Total
F. Dépenses militaires	–	–		35 000	35 000
G. Réduction de la dette	25 000	20 000	–		45 000
Total dons	**130 000**	**363 000**	**181 000**	**148 000**	**722 000**
II. Contre-valeur des prêts.					
A. F.M.E. :					
Charbonnages de France	5 652	10 180	–	–	15 832
E.D.F.	–	13 730	–	–	13 730
S.N.C.F.	–	10 365	–	–	10 385
Algérie	2 870	–	–	–	2 370
Total	8 522	34 285	–		42 307
B. C.A.R.E.C. :					
Agriculture	–	2 642	–	–	2 642
C. Flotte	463	–			463
Total prêts	*8 985*	*36 927*	*–*	*–*	*45 912*
III. Recherche des matières premières.					
A. F.M.E. :					
Algérie	–	1 314	–	–	1 314
Tunisie	–	159	334	–	543
Maroc	–	900		800	1 700
C.C.F.O.M.	–	4 520	–	–	4 520
Sociétés diverses	–	1 166	–	–	1 166
Total	–	8 099	334	200	8 633
B. Budget	–	1 367	–	–	1 377
Total III	–	9 466	334	200	10 000
Total général	**138 985**	**409 893**	**181 334**	**148 200**	**777 913**

Source : A.N.F. B 34 135 d. cité.

Le Plan Marshall - CHEFF - 1993

Michel Margairaz

Tableau IV

**A. La corrélation aide Marshall - Financement public
Poids des entreprises nationales (1948-1950)**

(En %)

	1948	1949	1950
Part de la contre-valeur en francs dans les versements du F.M.E. pour :			
– C.D.F.	79	99	45
– E.D.F.	54	100	59
– G.D.F.	–	57	100
– S.N.C.F.	75	73	–
Les quatre entreprises nationales cumulées	67	94	57
Part de la contre-valeur affectée au financement des investissements des « Quatre » dans le total de contre-valeur affectée au F.M.E.	93	80	62

B. Part de contre-valeur affectée au financement des investissements du complexe énergico-sidérurgique (1948-1950)

(En %)

	1948	1949	1950
Part de la contre-valeur affectée au financement des investissements des « Quatre » (C.D.F., E.D.F., G.D.F., S.N.C.F.) C.N.R. (Firmes sidérurgiques :			
– dans le total de contre-valeur affectée au F.M.E.	97	65	83
– dans le total de contre-valeur	72	60	69

Sources : A.N.F., B 34 135, d. et s.d. cités, II, III, IV et VII rapports de la Commission des investissements.

C. Part des 4 entreprises nationalisées (C.D.F., E.D.F., G.D.F., S.N.C.F.)

(En %)

	Dans le total des versements du F.M.E.	Dans le total métropolitain
1948	93	96
1949	72	69
1950	48	63
1951	44	60
1952	38	56

Le Plan Marshall - CHEFF - 1993

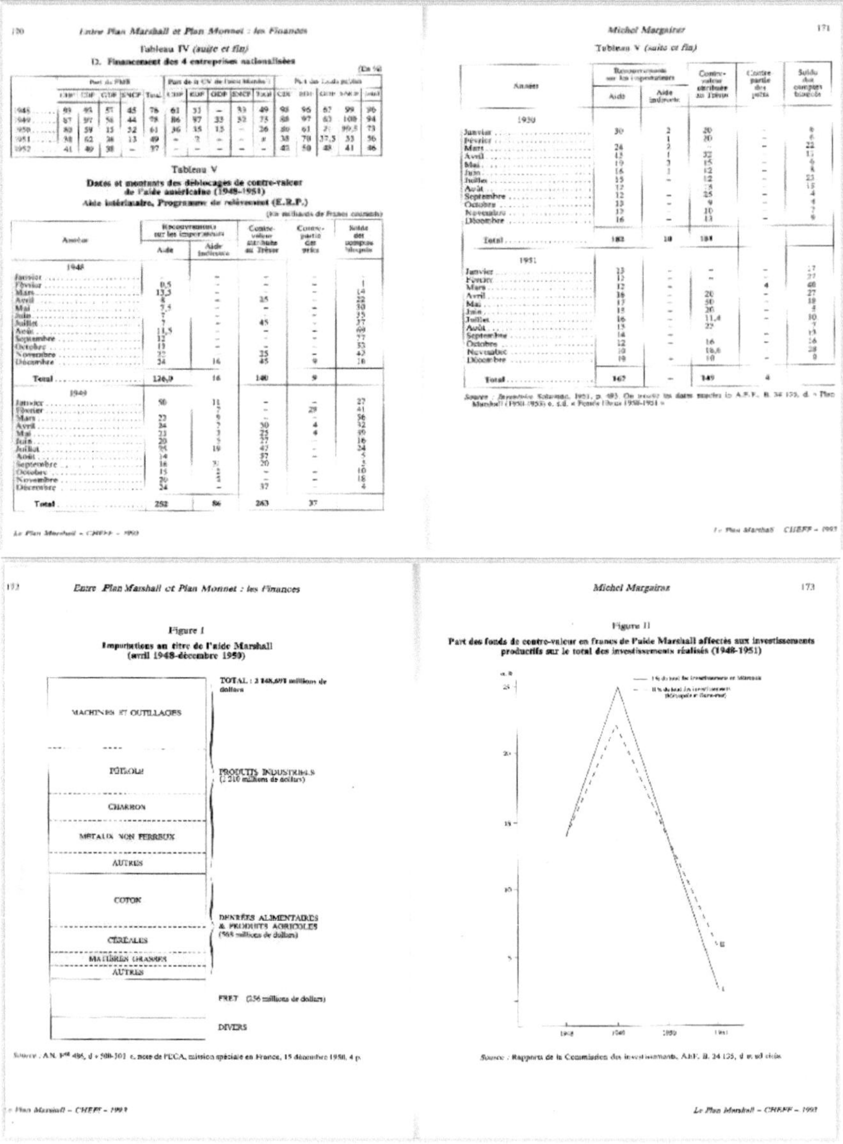